AF226126

靜浦國小
─在太陽部落舞動最美的光影─

自助出版學院 著

目　　錄

第一篇　學校介紹

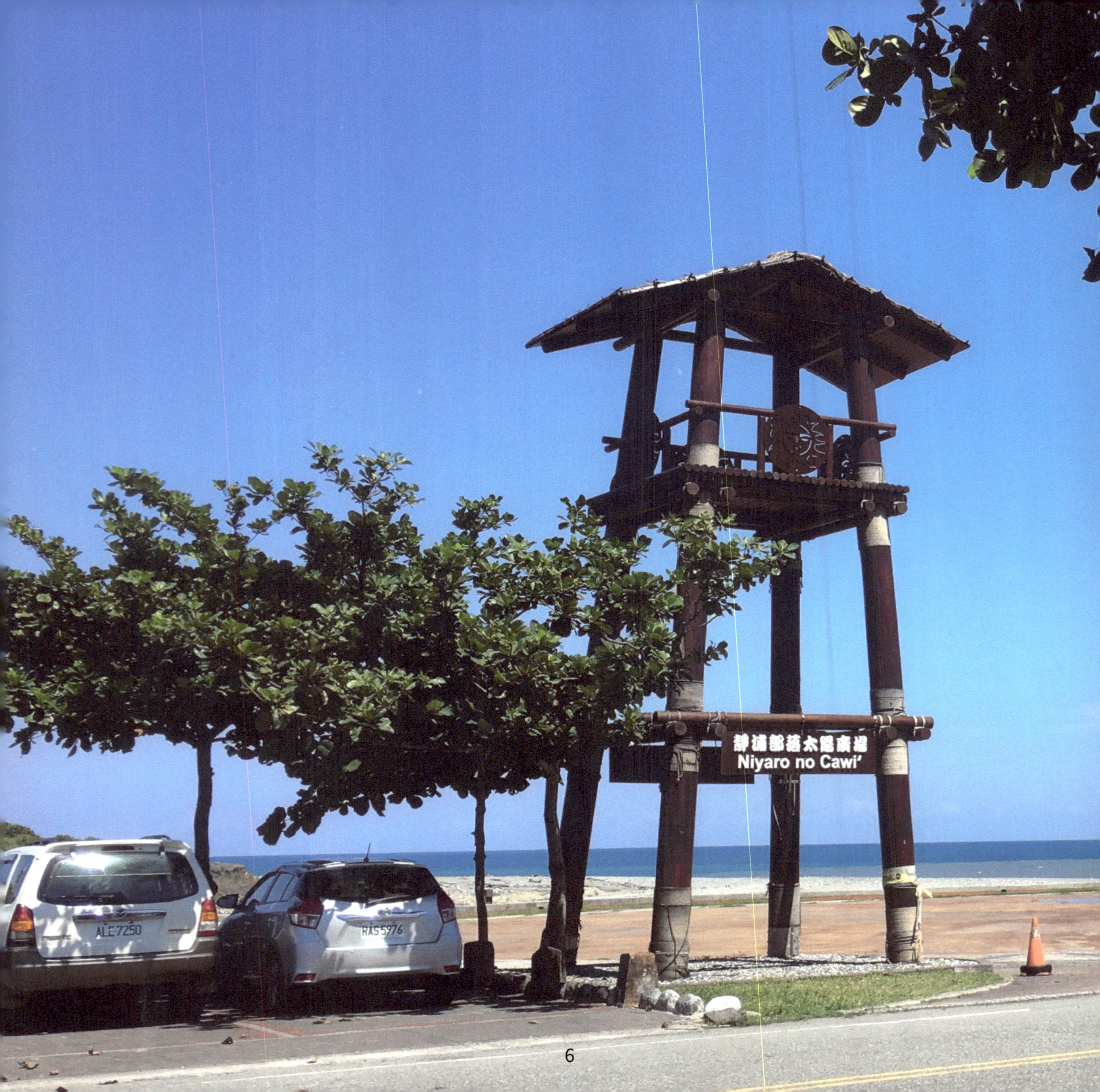
靜浦部落太陽廣場
Niyaro no Cawi'

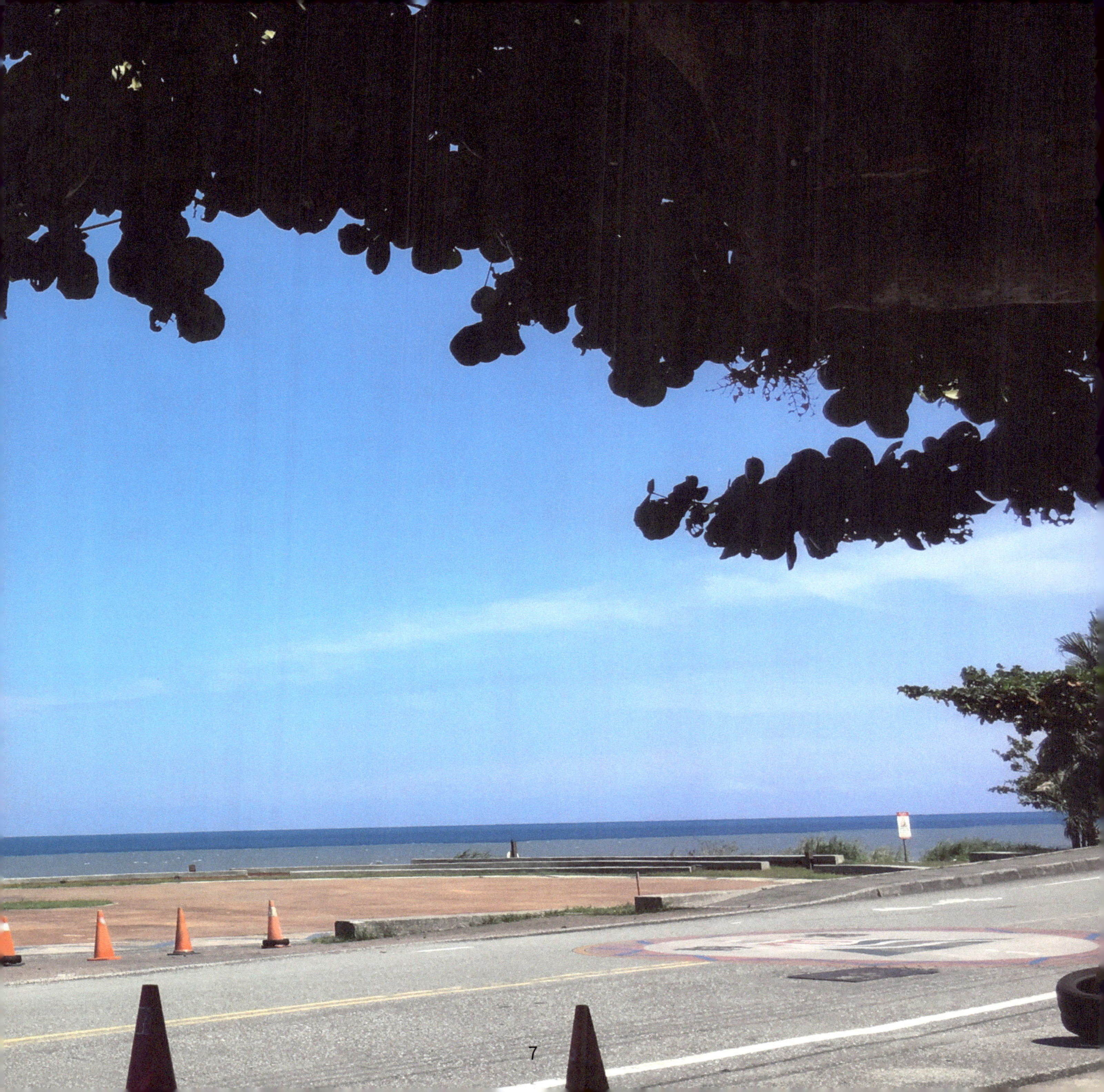

靜浦村──帶著光和希望的太陽部落

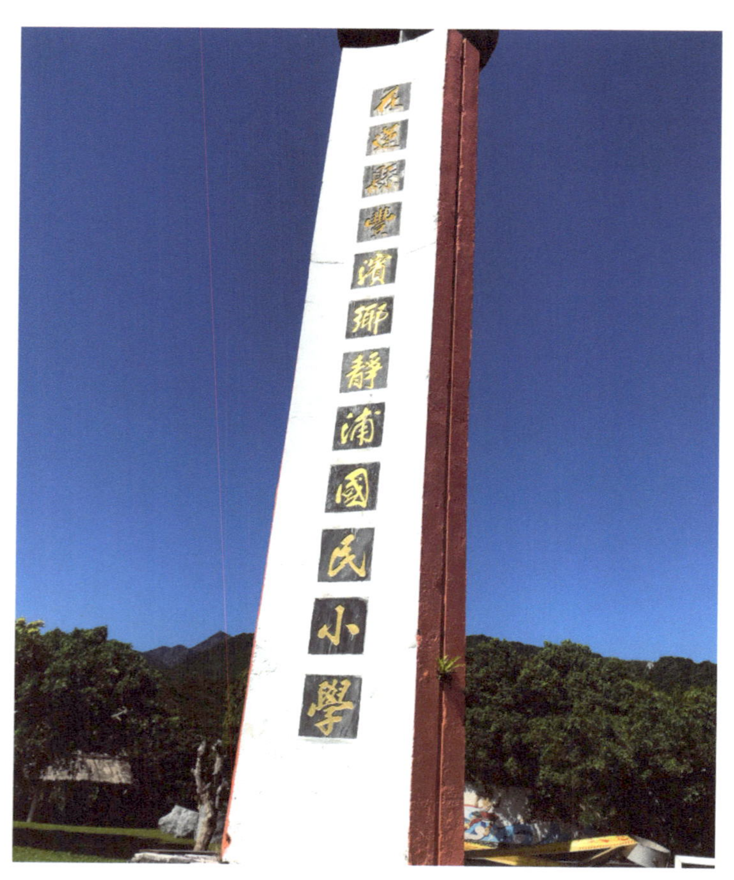

人稱為「太陽的部落」的靜浦，阿美族語稱「Ca'wi」（札位），意思是「山坳裡的平地」，距離花蓮 75 公里，距離台東也有 90 公里，位於花蓮縣豐濱鄉海岸線最南端，靜浦村依著秀姑巒溪南岸，與海口的奚卜蘭島相對。

靜浦村雖然有 1000 多人戶籍設此，但真正在這裡生活的大約只有 300 多人，居民多以漁業為主業、農業為輔，過著自給自足的小型鄉村生活。

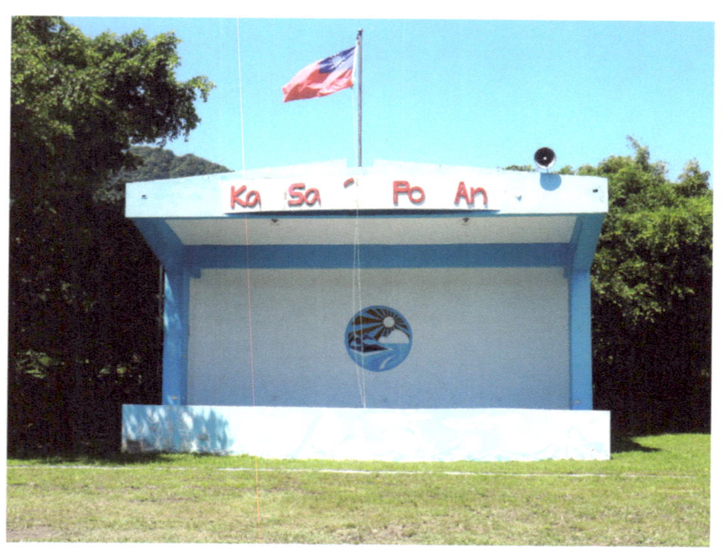

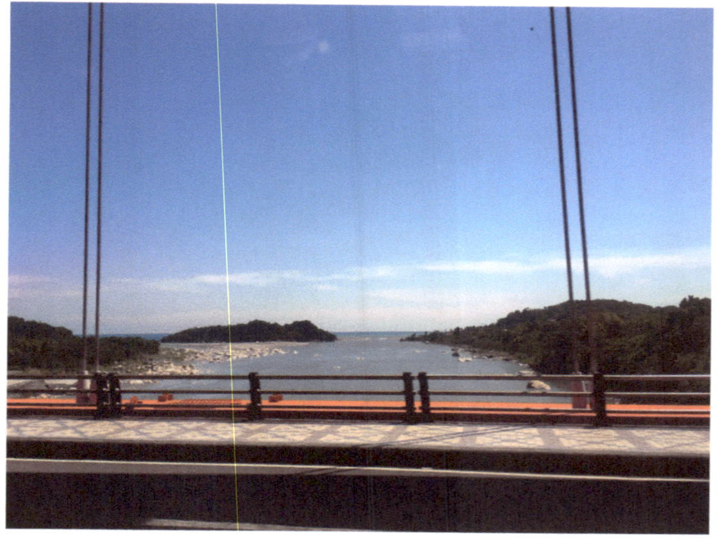

靜浦國小的時光軌跡

　　地處花蓮縣豐濱鄉的靜浦國小創立於民國 47 年，隸屬港口分校，最早是由茅草搭建而成的克難教室；民國 57 年九年國民義務教育全面實施，更名為「靜浦國民小學」。並被教育部列為「極偏鄉」等級的學校。2019 年度的靜浦國小全校學生只有 14 位，形成教職員與學生人數比例相近的特殊情況。

　　地處偏遠，生活交通並不是非常的便利，教職員大都住在學校宿舍，老師們總會呵呵一笑自我勵勉：「我們擁有靜浦最美的無敵海景」！

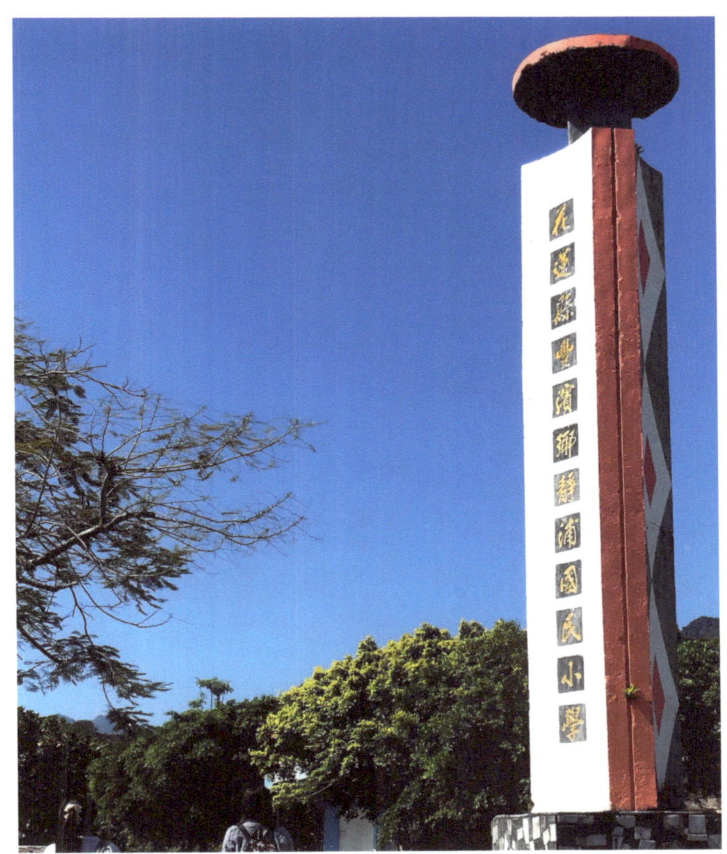

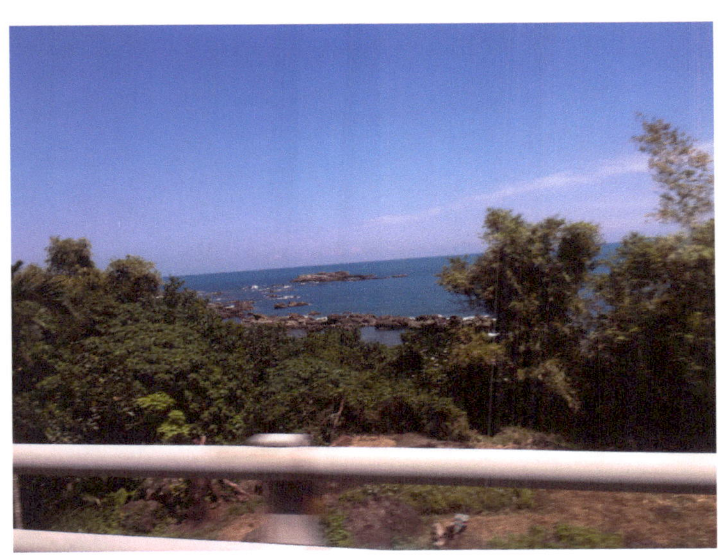

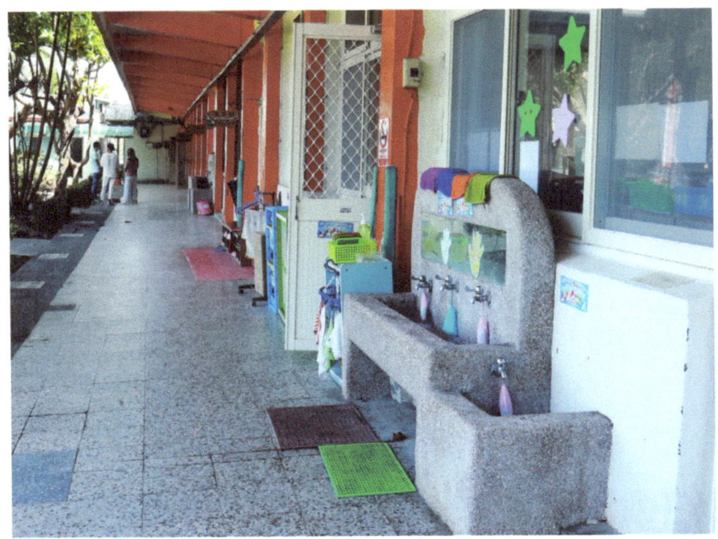

典故追溯：校區內的大港口事件紀念碑

　　靜浦國小校區內（古戰場處）有座紀念碑，為了追思與紀念大港口事件，在 2014 年由中央及地方政府補助經費興建完成，以部落生活、文化記憶及民族觀點真切地呈現原住民族史觀。

　　大港口事件發生於西元 1878 年（即清光緒 4 年），是滿清政府與阿美族部落之間最嚴重的流血衝突事件。

　　事件起因於花蓮奇美地區，阿美族人因受不了滿清政府加諸於族人身上諸如重稅、不人道的勞役工作等不公平對待，以及當時駐地通事林東涯欺侮婦女與族人的惡劣事蹟，族人積怨已久而發起的保家衛族對抗戰爭，最後清朝政府誘殺了共 165 名阿美族青年，

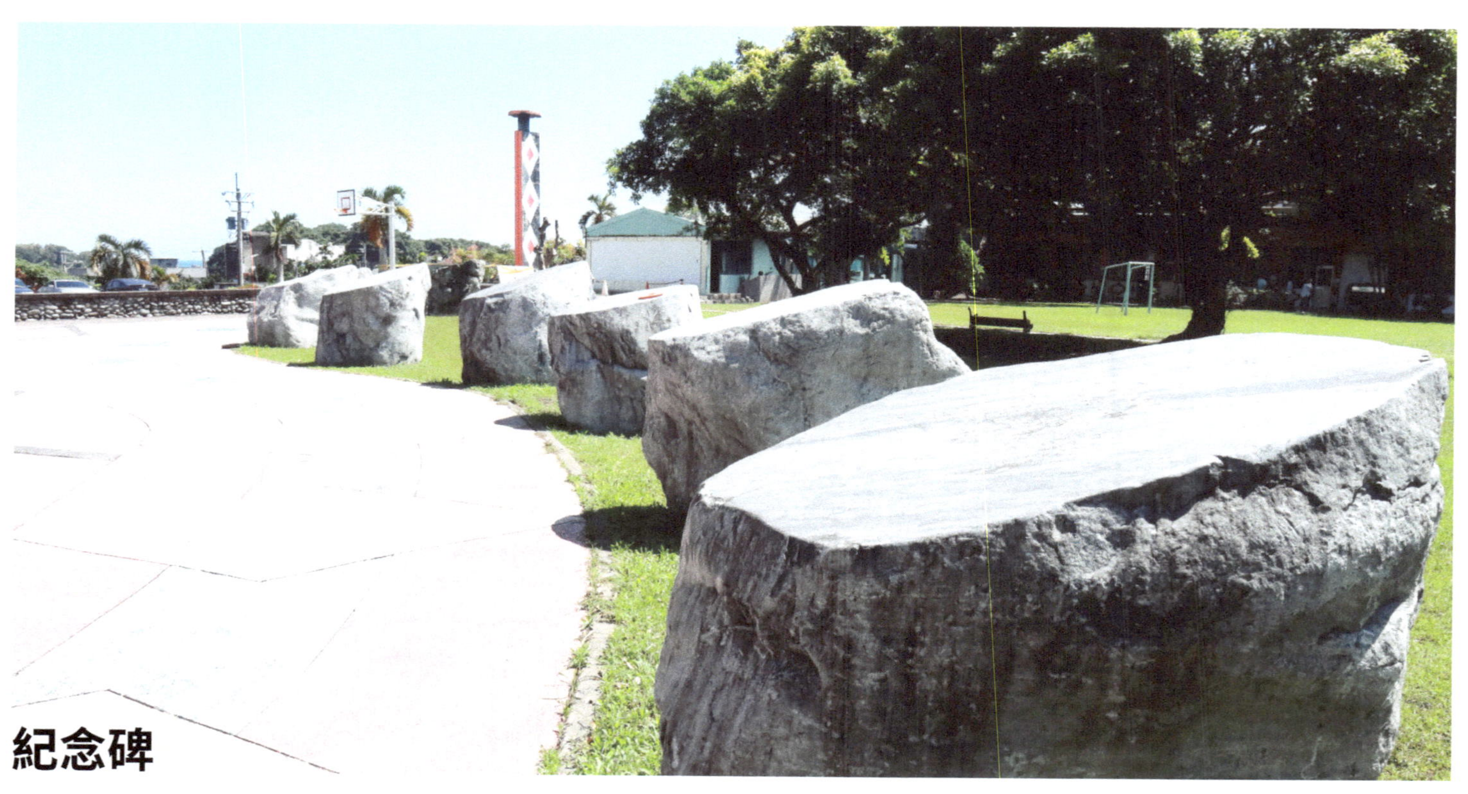

紀念碑

造成當時港口阿美族壯年精英盡失。

　　後代的阿美族人為感念先祖護土護鄉、犧牲生命的偉大事蹟，特別建碑並透過追思活動，由各部落氏族長老帶領族人祭拜當年罹難英靈，並提醒族人莫忘這段歷史事件。

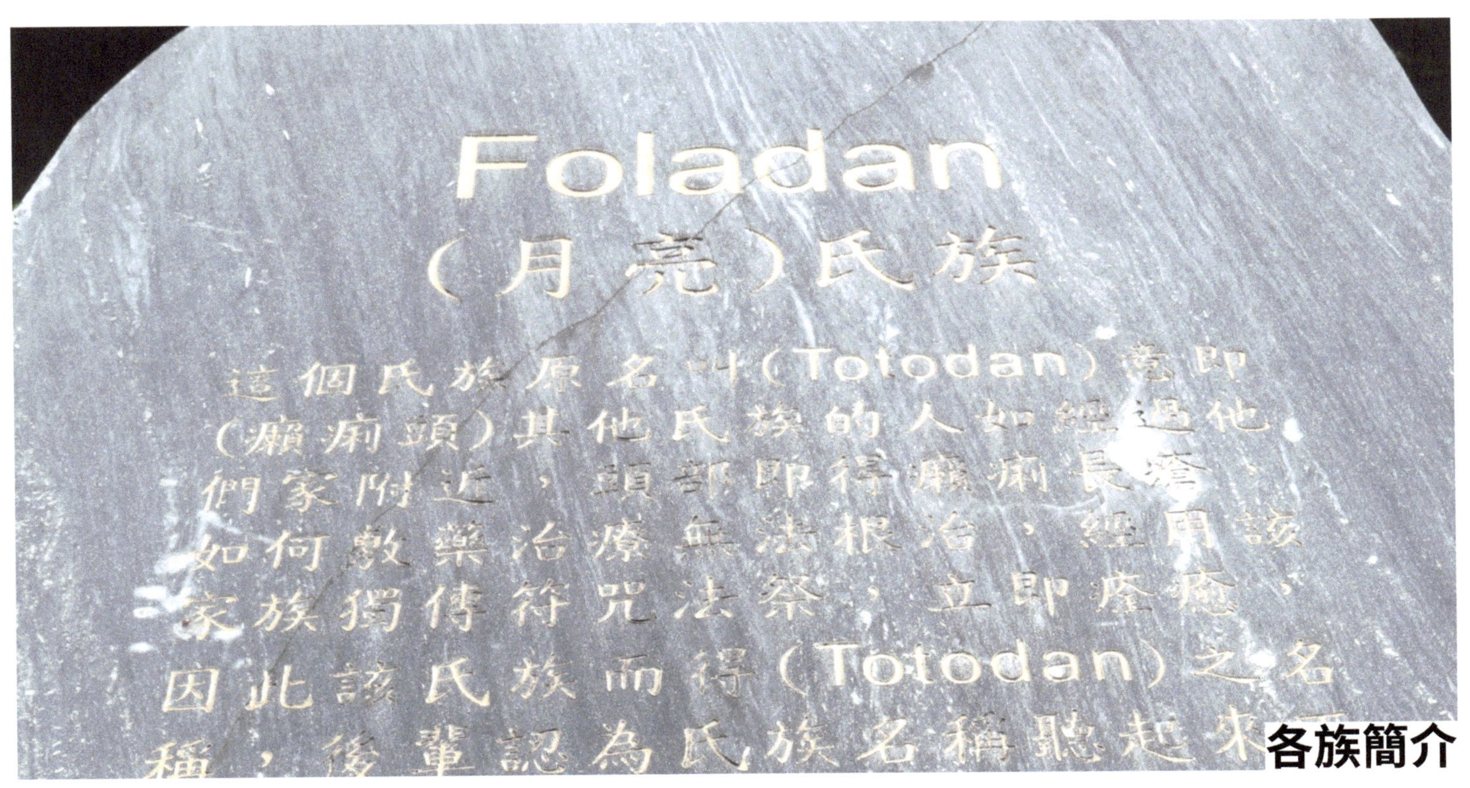

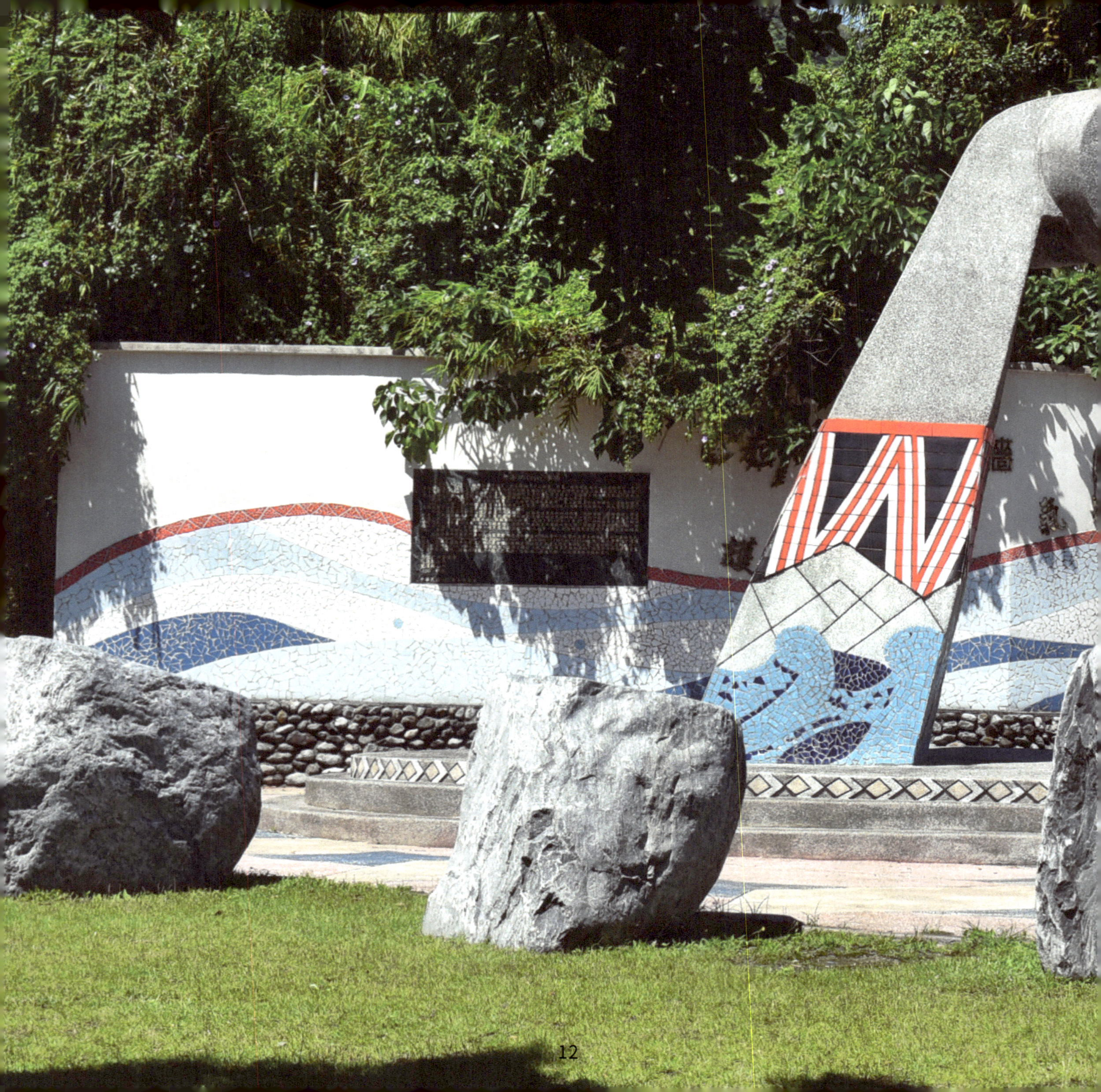

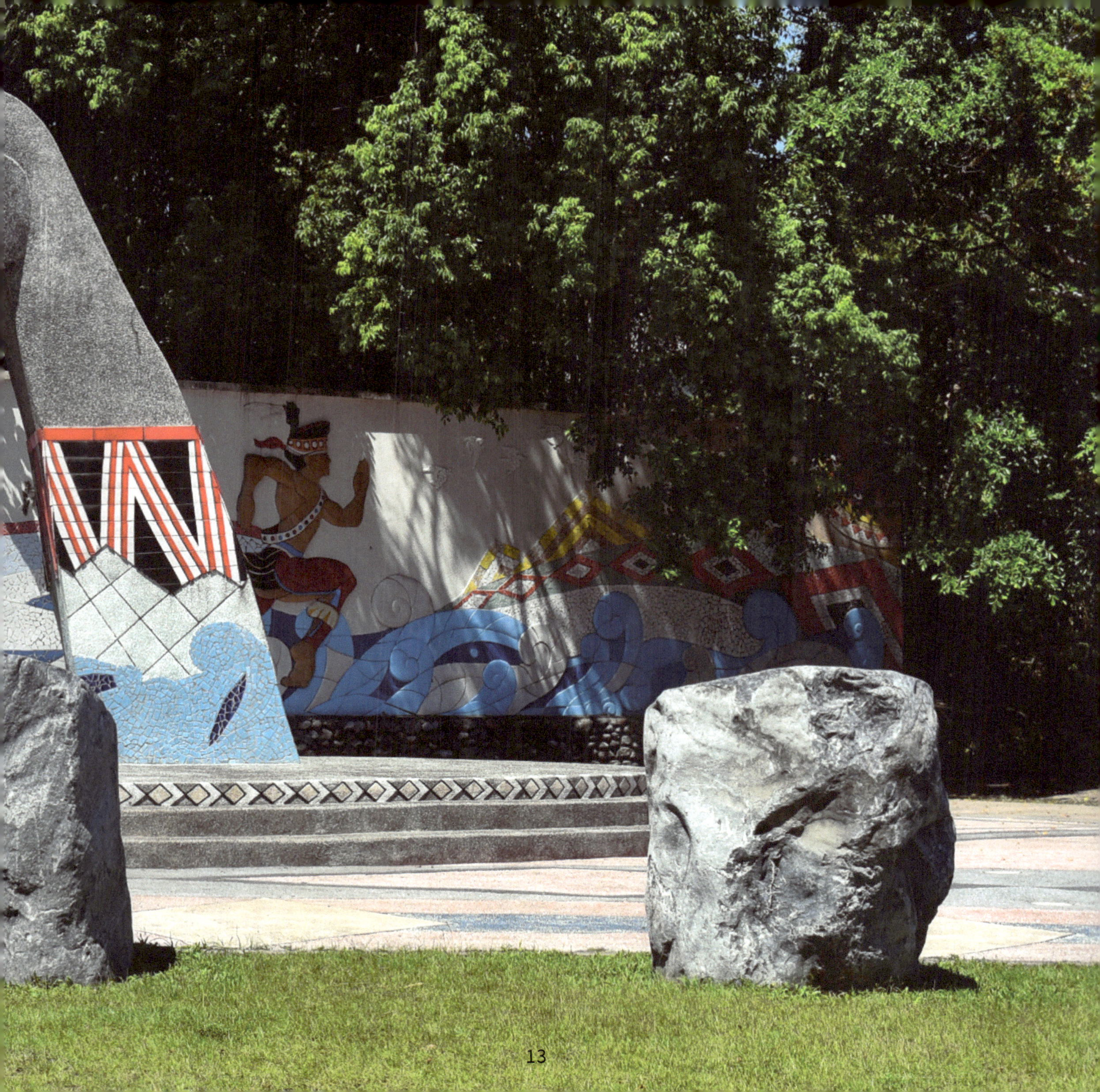

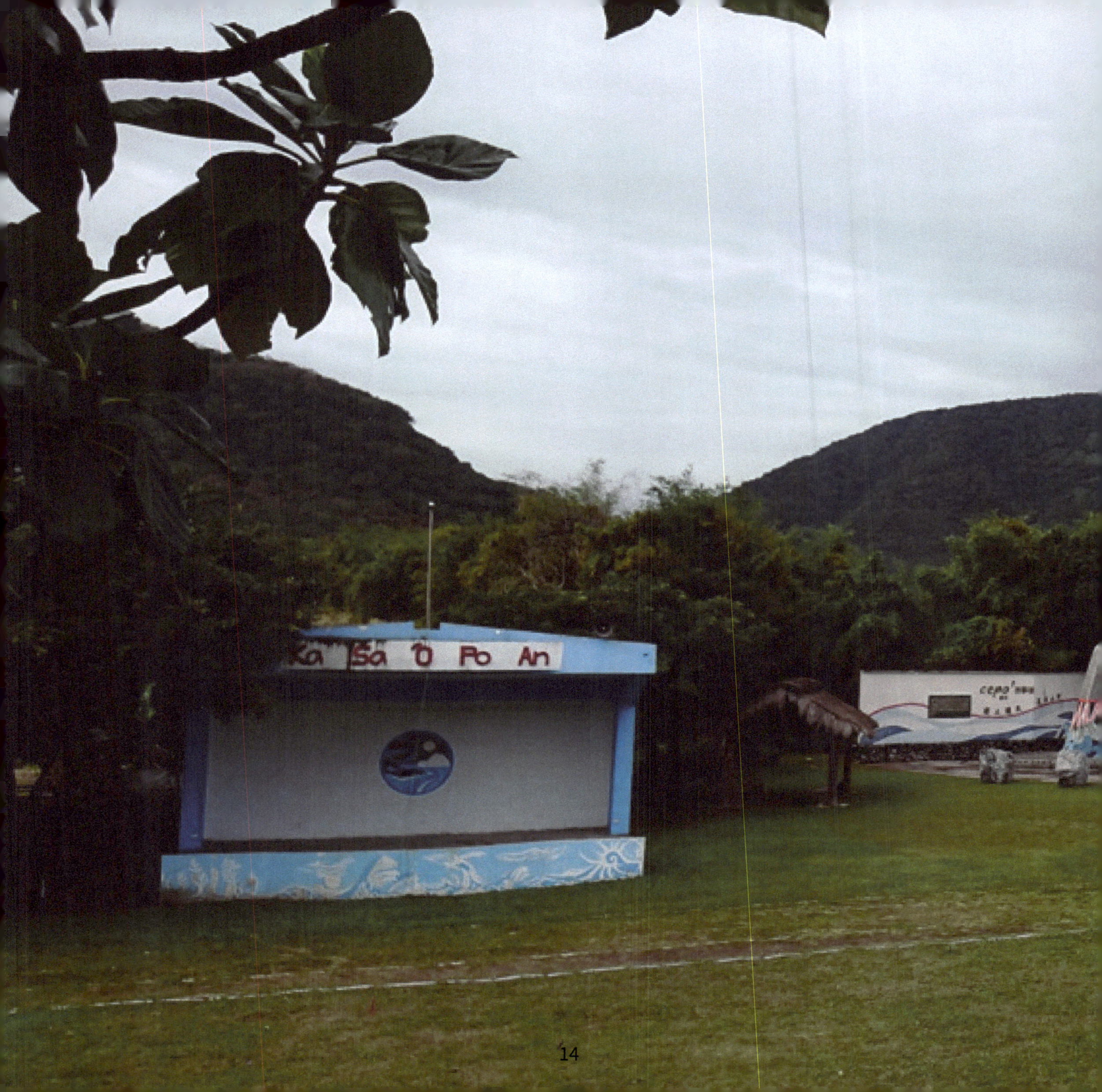
Ka Sa 'O Po An

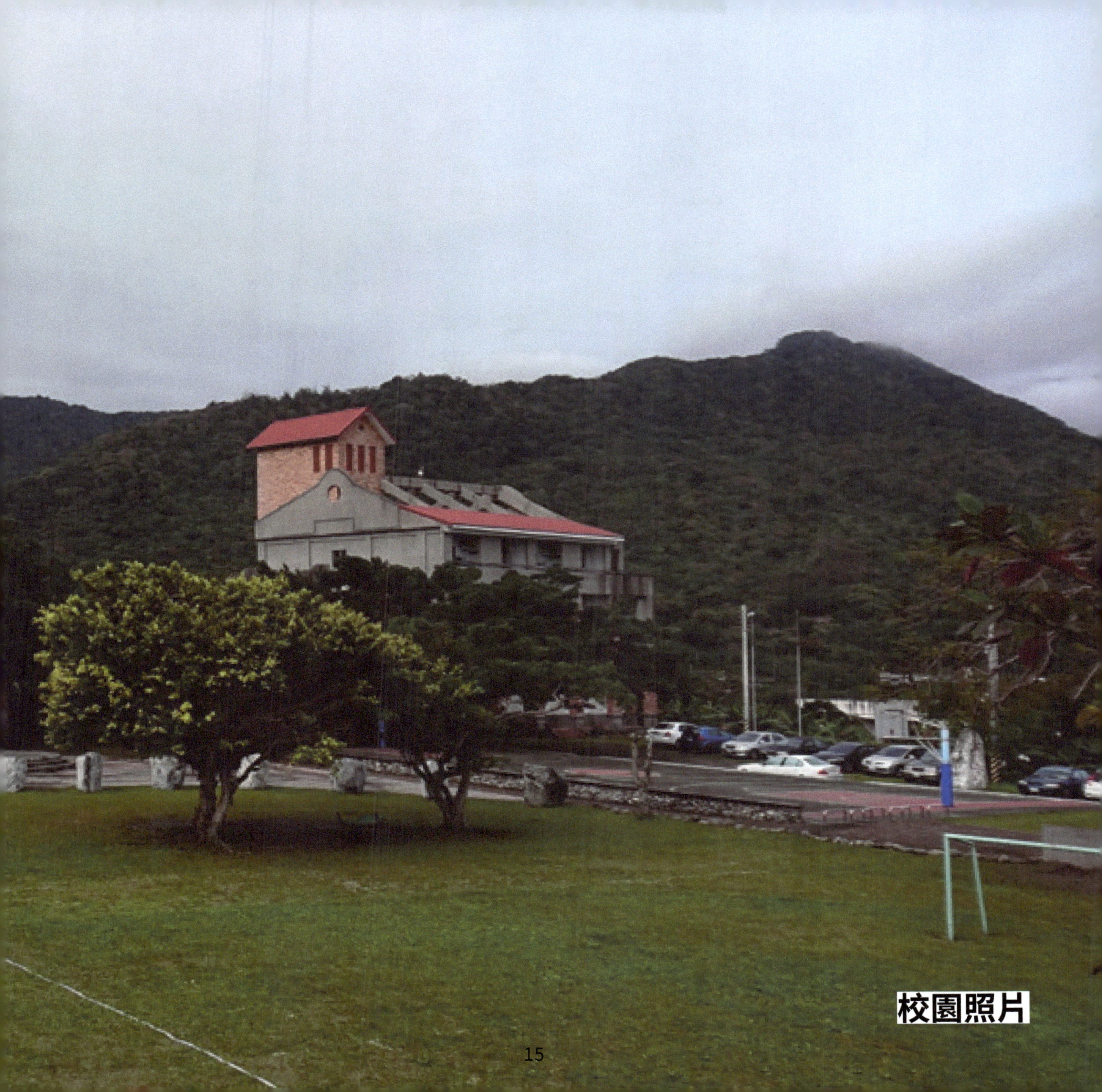
校園照片

第二篇　教學特色

多元適性，打造孩子成功的舞台

在課程規劃上，依循教育部頒訂的十二年國教 108 課綱核心素養導向的課程教學，加上基本的國、英、數等主科及母語、外語教學之外，在彈性校訂課程則融入在地特性、社區背景與學生需求等元素，發展為學校特色課程。

學校學生人數少，孩子在課堂上的互動機會也較為不足，為顧及五育均衡發展，部分課程會以協同教學的方式進行，透過老師為孩子們精心設計的藝術與人文、健康與體育、生活及綜合領域等課程，讓同年段或是全校的孩子可以一起上課，增加互動的機會培養群性能力，不但比較熱鬧，還能激發出意想不到的創意火花。

學校因地處偏遠，但也更加重視孩子的學習資源，規劃的學習活動包羅萬象，有民謠吉他、打擊樂、槌球、小小鐵人、原住民陶藝以及戶外教育等，讓孩子在團體共作的模式下，展現其獨特的氣質與個性，在動靜皆具的課程，會顯現出孩子的領導力、手作力、邏輯整合力、配合力等潛能；透過團隊活動，也學習到了如何領導、相互合作、服從與包容的能力。

每個孩子都是獨一無二的個體，在不同的領域有自己擅長的能力和學習方式，而多元適性正是學校努力經營的方向，透過多元的活動課程擴展孩子視野，透過適性的教學模式，讓孩子的天賦得以展現，希望讓擅飛的鳥兒盡興的翱翔，讓擅游的魚兒悠然自得。

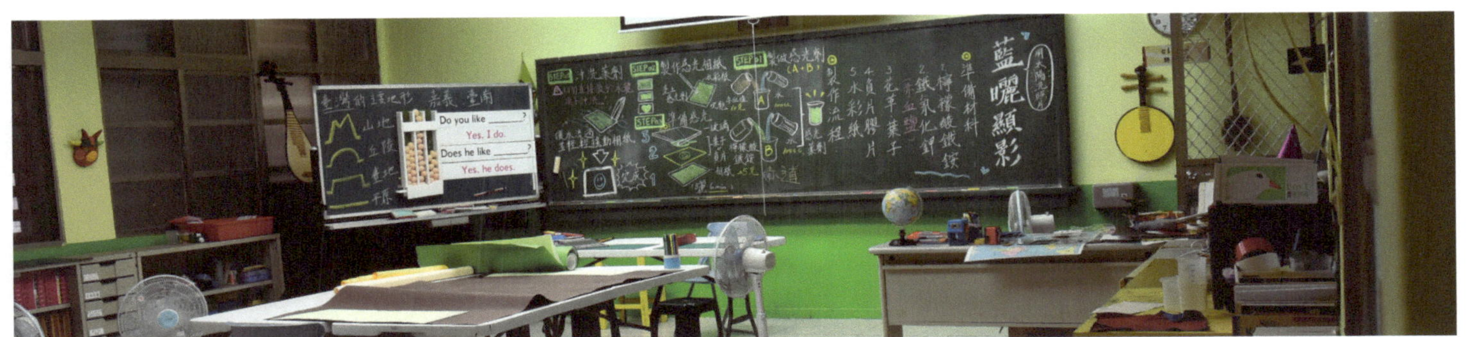

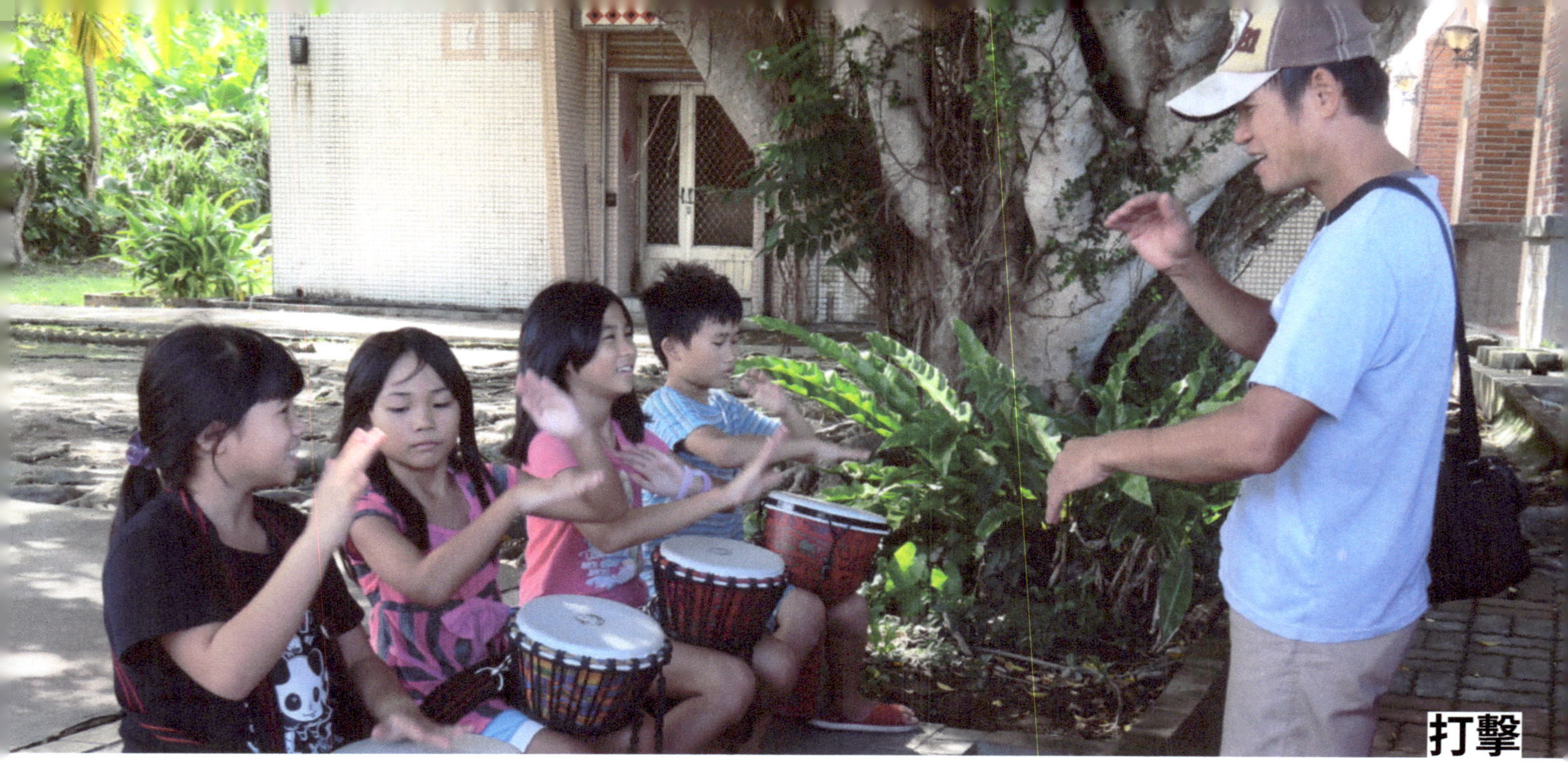

打擊

吉他

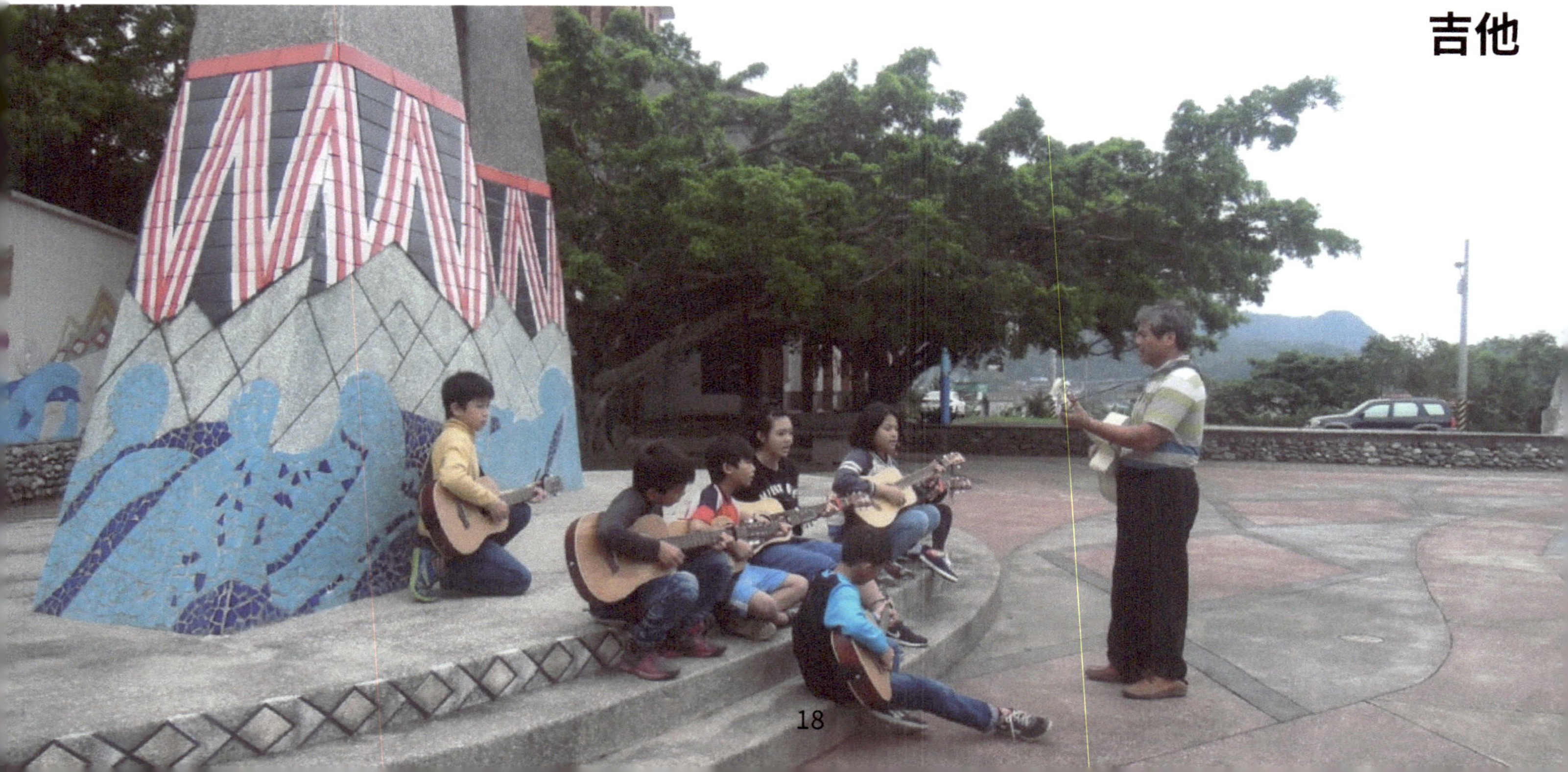

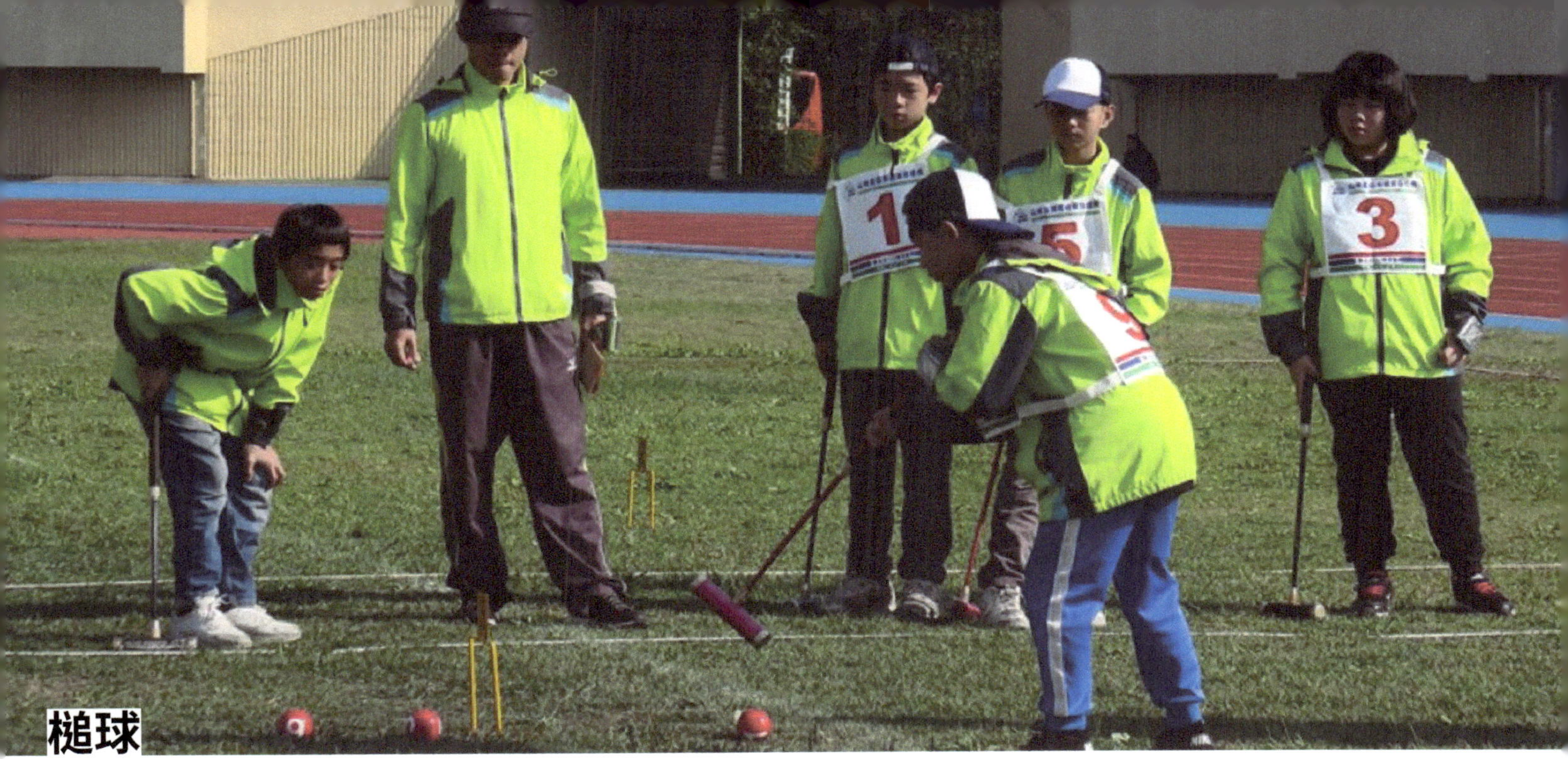

槌球

光影戲劇（較早期參加比賽的照片）

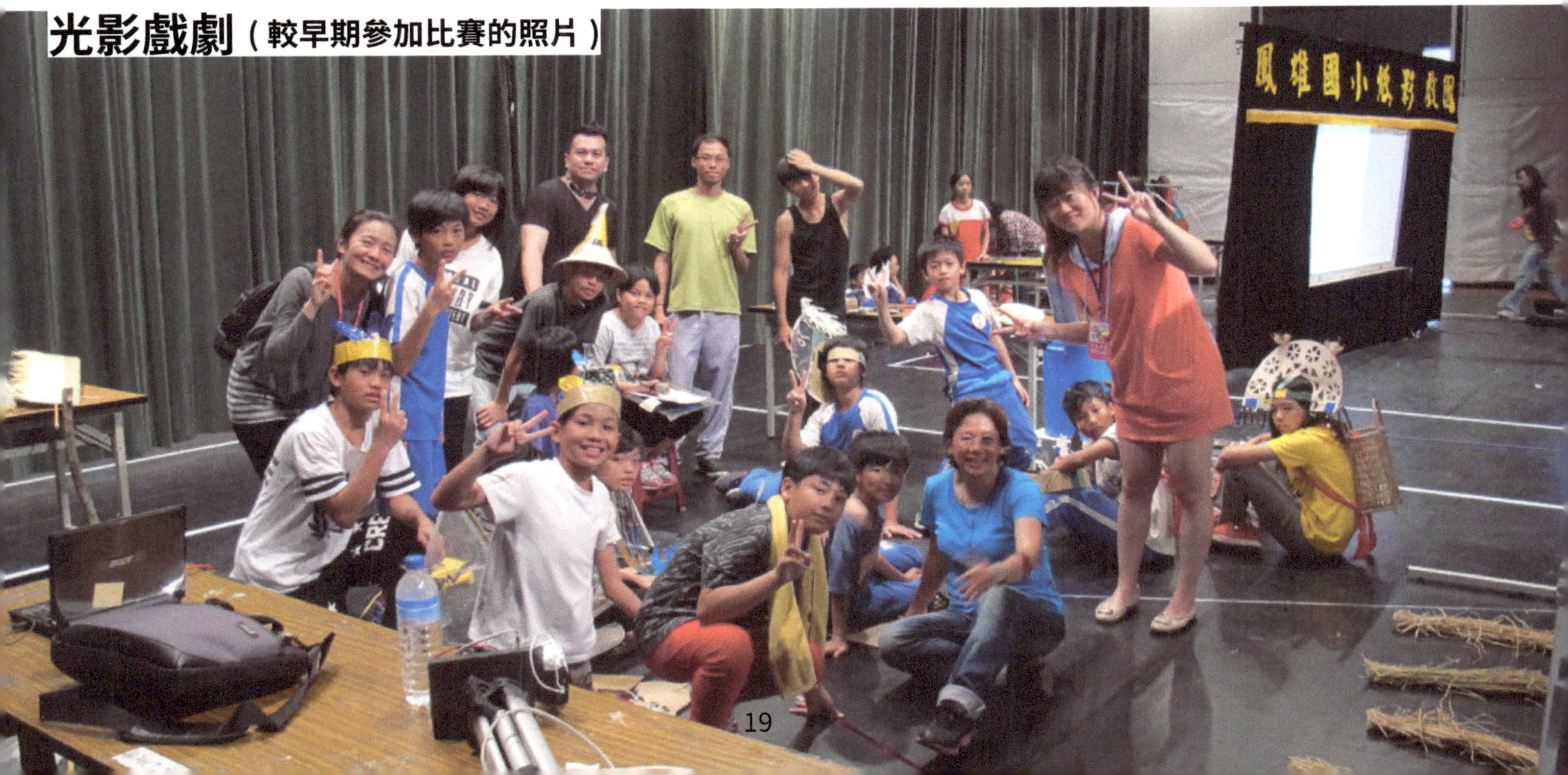

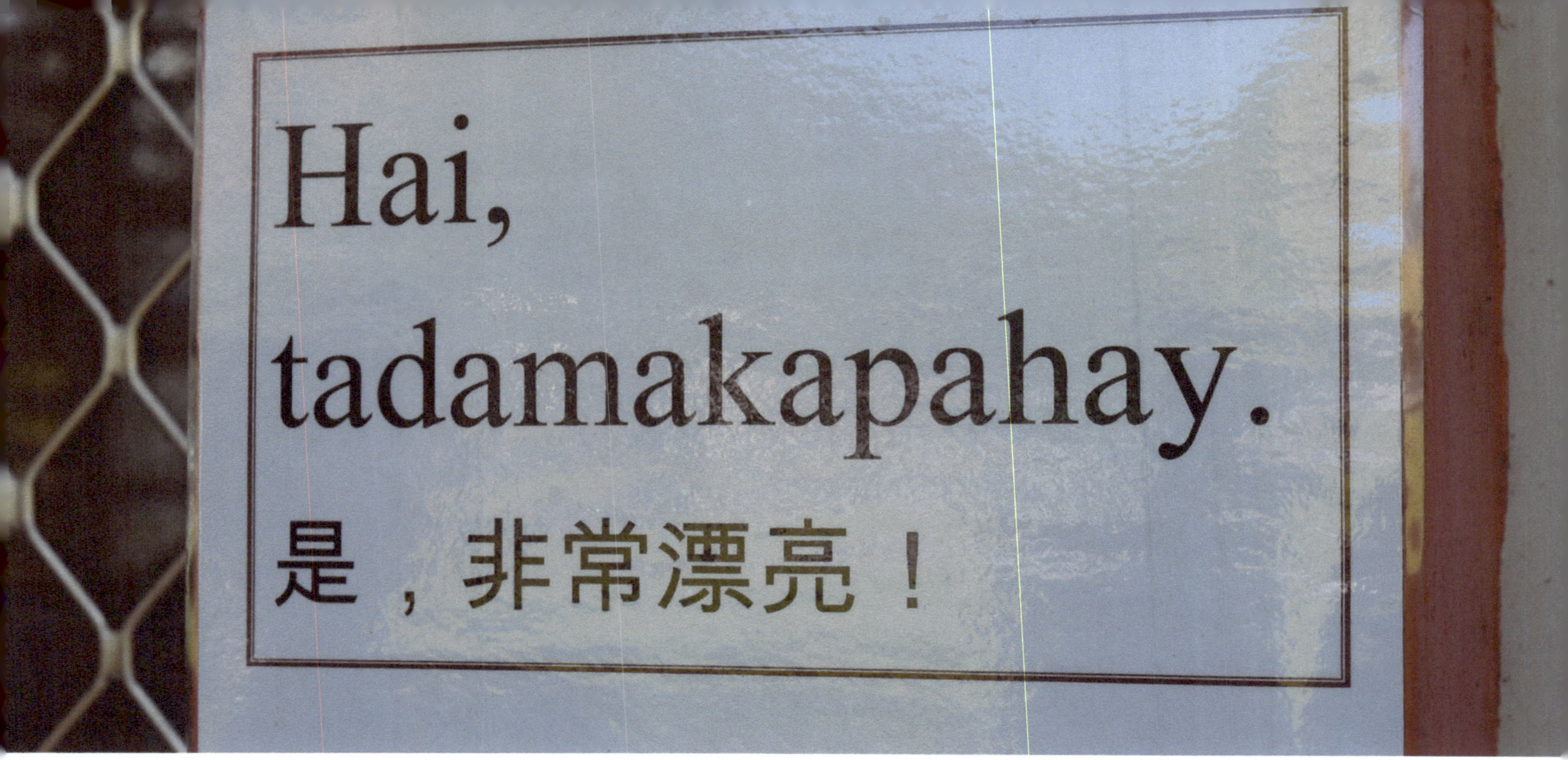

Hai,
tadamakapahay.
是，非常漂亮！

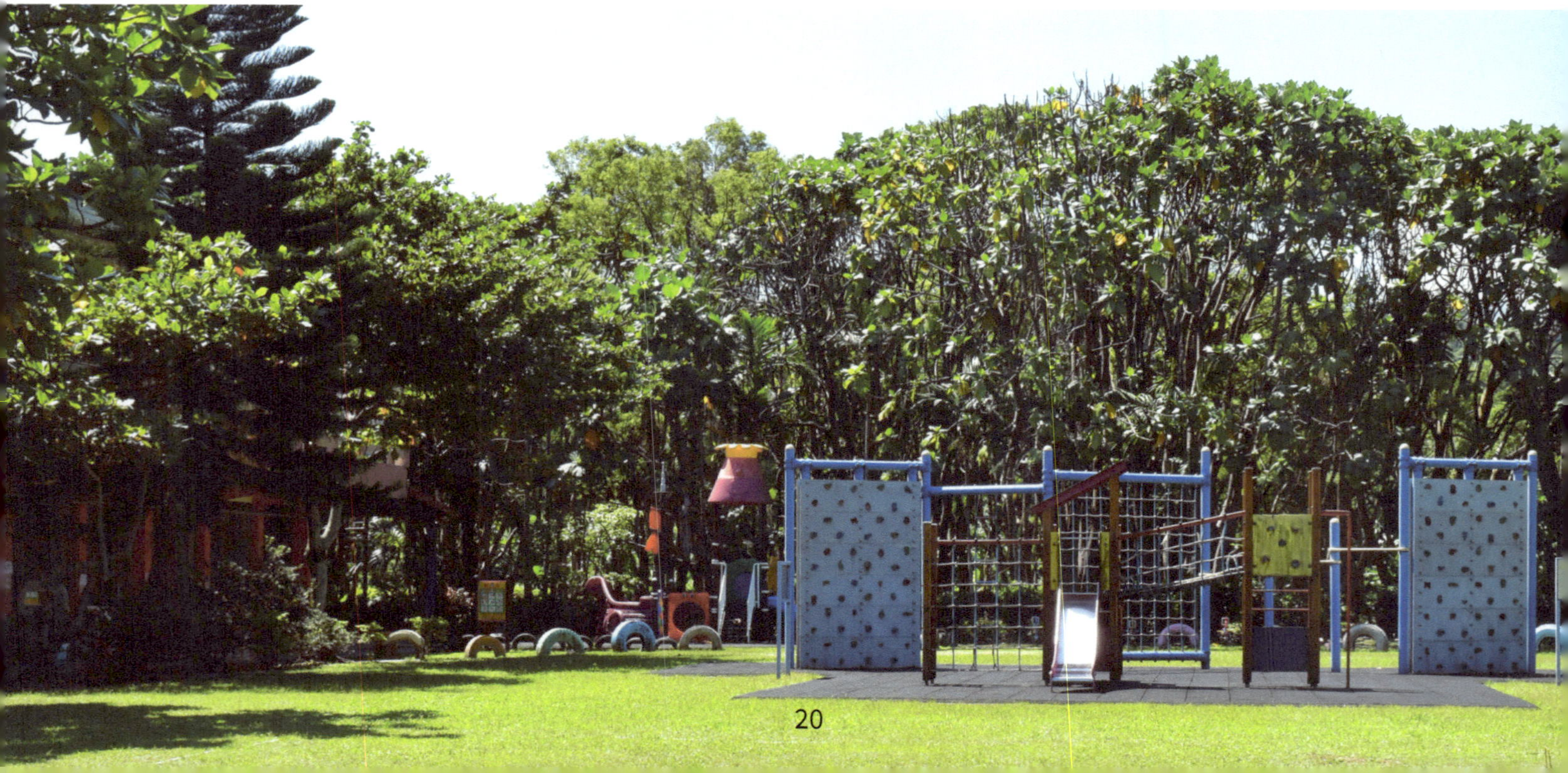

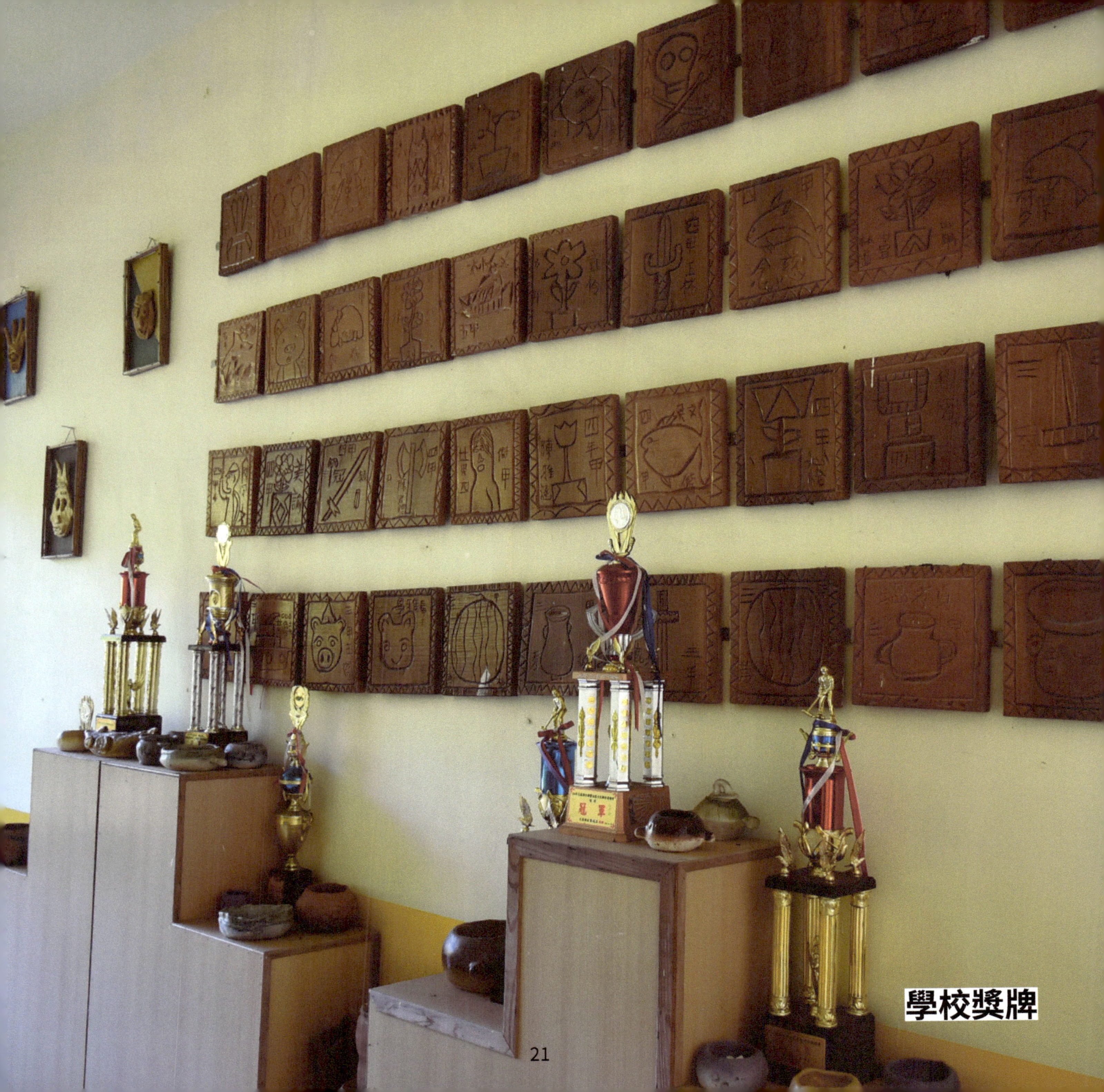

學校獎牌

原民文化與創意的相遇，讓「光影偶戲」耀眼綻放

當評審用麥克風大聲宣布——106 學年度全國學生創意戲劇比賽國小組決賽由花蓮縣豐濱鄉靜浦國小，以光影戲「少年的奇幻旅程」，獲得現代偶戲類 - 光影偶戲組特優獎……的瞬間，靜浦國小所有的師生開心激動得又叫又跳，孩子們略帶害羞光榮上台領獎的那一刻，台上台下的所有觀眾都為這群純真又認真的阿美族孩子獻上最熱烈的掌聲與喝采。

是的，「光影戲劇」即是靜浦國小最具代表性的協同教學課程。是全校師生傾注多年的心力與熱情澆灌所成，也讓這所無人知曉的偏鄉小學因此綻放耀眼的花朵。

說起靜浦國小的光影戲劇，就不得不提在該校任教長達 16 年的教導主任——鍾凱蘋。101 年她與洪淑媛和羅雉傑老師因緣際會遇上「台原偶戲團」的周奕君老師，共同揭開了靜浦光影戲劇的序幕；畢業自東華大學的高韻軒老師於 105 年也加入行列，發揮他的藝文長才，讓光影戲劇更加分。這樣的組合有專業，更有熱情和動能，讓他們跨越了歌唱、舞蹈、雕刻、編織等既有原民藝術的局限，共同激盪藝術創作的其他可能性。

他們將原本在校內推動的光影偶劇寫成了企畫案，向企業慈善基金會申請「圓夢計

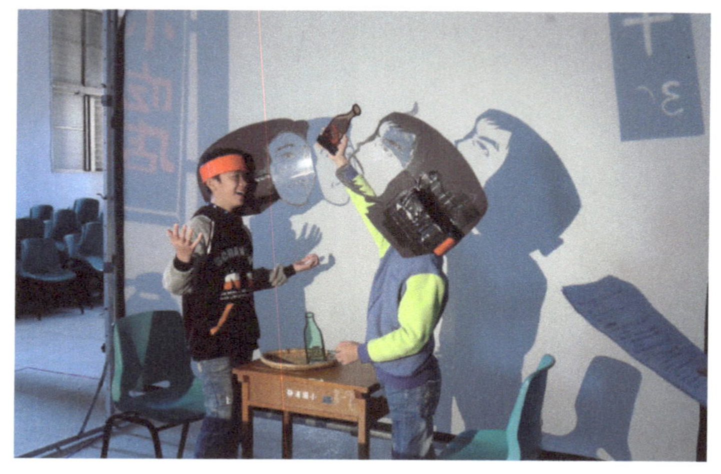
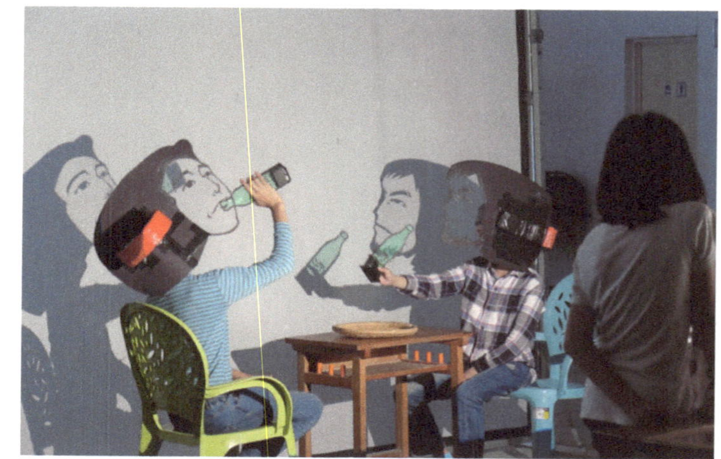

畫」方案，沒想到這份企畫案不但得到特優的鼓勵，還為學校爭取到經費。於是靜浦國小的光影偶劇在校長大力支持下，於 101 年起創，首齣劇目是阿美神話故事中的《十個太陽》，由鍾凱蘋主任和周奕君、洪淑媛、羅雉傑三位老師承擔指導的重責大任。那年除了在校園演出，並帶領孩子們到社區及台東劇場展演，在師生團隊的齊心努力下，日漸茁壯。更在 103 年學年度，參加全國學生創意戲劇比賽，以《卡夫沃傳奇》榮獲優等佳績。自此，「光影戲劇」成為靜浦國小的特色課程，劇碼及演出亮點更是年年創新。

從 104 學年度推出《十個太陽》，105 學年度《狡詐的巨人'Alikakay》，106 學年度《少年的奇幻旅程》到 107 學年度的《海稻米的願望》，及至 108 學年度更結合環保議題推出《海泣》，除了故事內容發人省思，讓觀眾藉此了解部落文化，在表演過程中，透過忽大忽小、遠近交錯的光影效果，搭配紙偶、真人的交替演出，變化空間場景，經默契十足的團隊合作，呈現出如電影動畫般的神奇特效，頻頻獲得評審的肯定與讚揚。

「每一齣光影戲劇的創作，都是全校師生全心全力投入所致的美麗結晶。」揮汗的背後，其實蘊藏著靜浦師長們的願心：「希望藉由戲劇凝聚全校師生的向心力，也讓學生有機會走出校園擴展視野，展現另一面長才，提升自信！」

一路陪伴靜浦國小光影戲劇成長的鍾凱蘋主任、洪淑媛老師、羅雉傑老師、周奕君

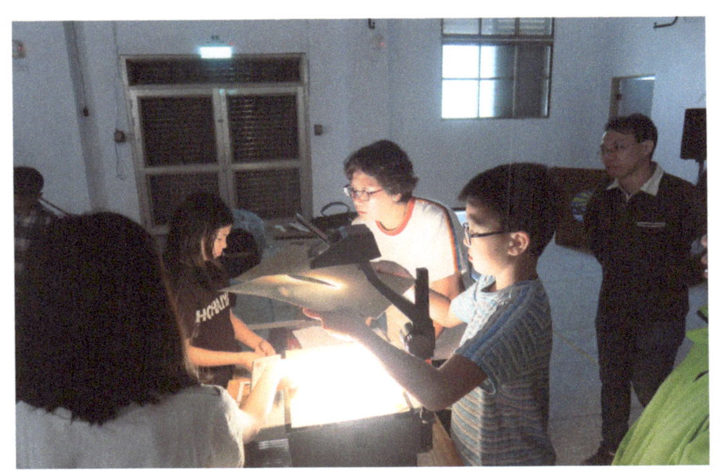
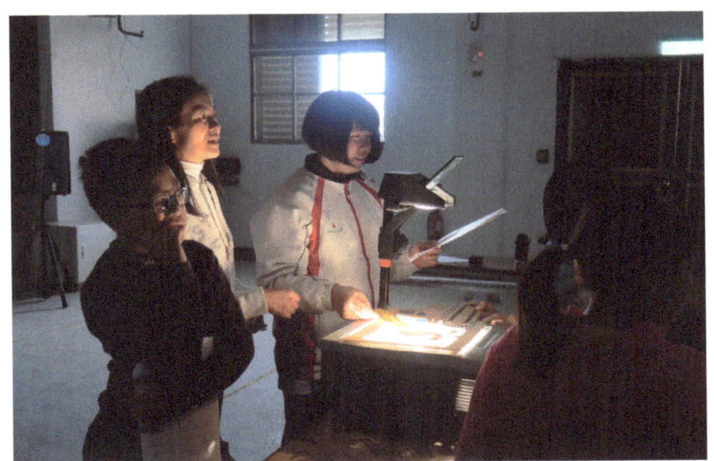

老師，主責編導工作；高韻軒老師則負責美編、聲音錄製；更因有全校老師的協力，才能讓整齣戲劇更臻完美。鍾主任表示，像他們這樣只有十幾人的小學校，能夠申請到資助金，真的非常感謝，有了這筆經費，他們才能請到「台原偶戲團」的專業教師指導孩子，這也是拿下全國戲劇競賽特優獎的關鍵助力。

高韻軒老師說：「偏鄉小朋友最缺乏的是外在的刺激，希望小朋友們能有更多機會與外地交流見世面。」他衷心希望明年可以再次申請到經費，帶孩子們走出台灣踏上世界舞台，因為參與光影偶劇，孩子們相信夢想可以成真，以自己身為阿美族人為傲，也為童年曾經逐夢踏實的特別經驗，留下一生最美妙的記憶。

鍾凱蘋主任回憶，從 103 年靜浦國小創立「光影戲劇」至今，全校加總才十幾位師生，每一場戲都堅持由師生共同鍛造錘鍊，希望讓每個參與者，都可以在這個光與影激

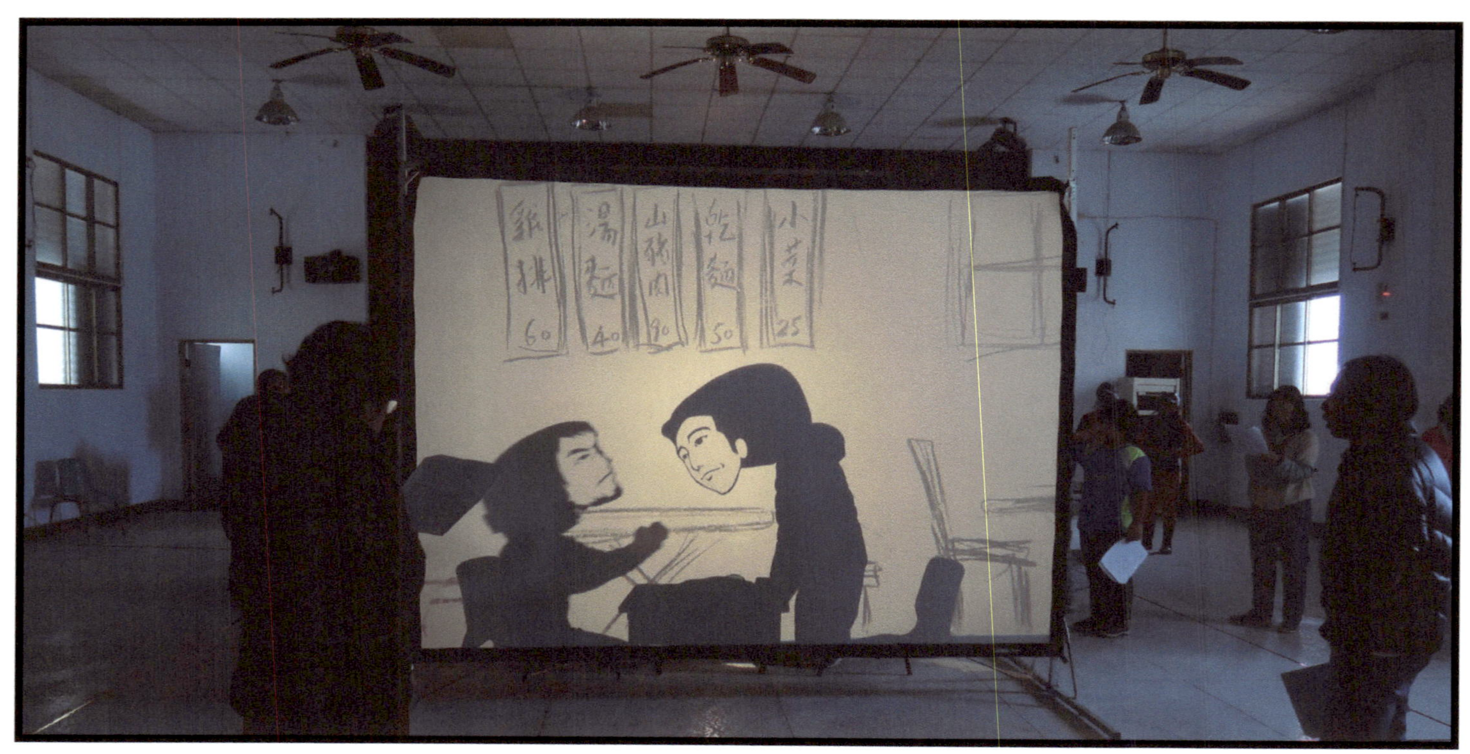

盪交會的舞台，發揮自己擅長的一件事。「種子撒下去，哪一顆會發芽你不知道，我們就在做這種事情而已。」這群阿美族小朋友能夠一直贏的秘訣是：一個都不能少、全校都要有角色。即使全校都投入，整個劇團也只有 14 個人，卻沒有人抱怨人手不足，令人感動的是，有好幾個低年級孩子都說：「我的戲分不多，可是學到很多東西，希望以後有更多表演的機會。」

因為相信教育存在很多可能性，教學的現場也是一種創作媒材，從無到有的過程中，常因偏鄉小孩自信心不足，而構成自我認同的困頓和挫折。透過圓夢計畫，加上老師們的鼓勵與支持，鍾主任相信，只要持續做下去，偏鄉的孩子可以透過光影戲劇的激盪孵育、協力共作，發現自己無窮的潛力，也對自我更有自信。

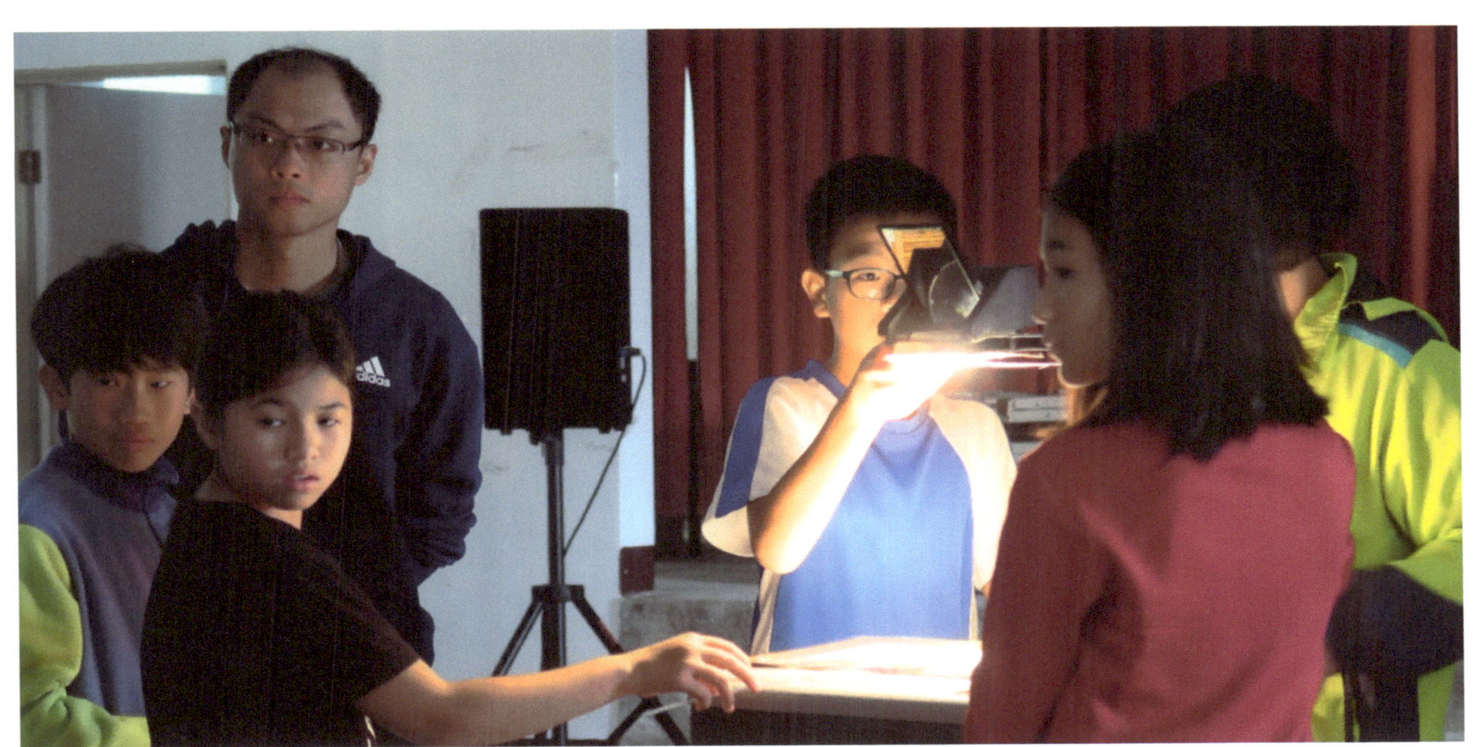

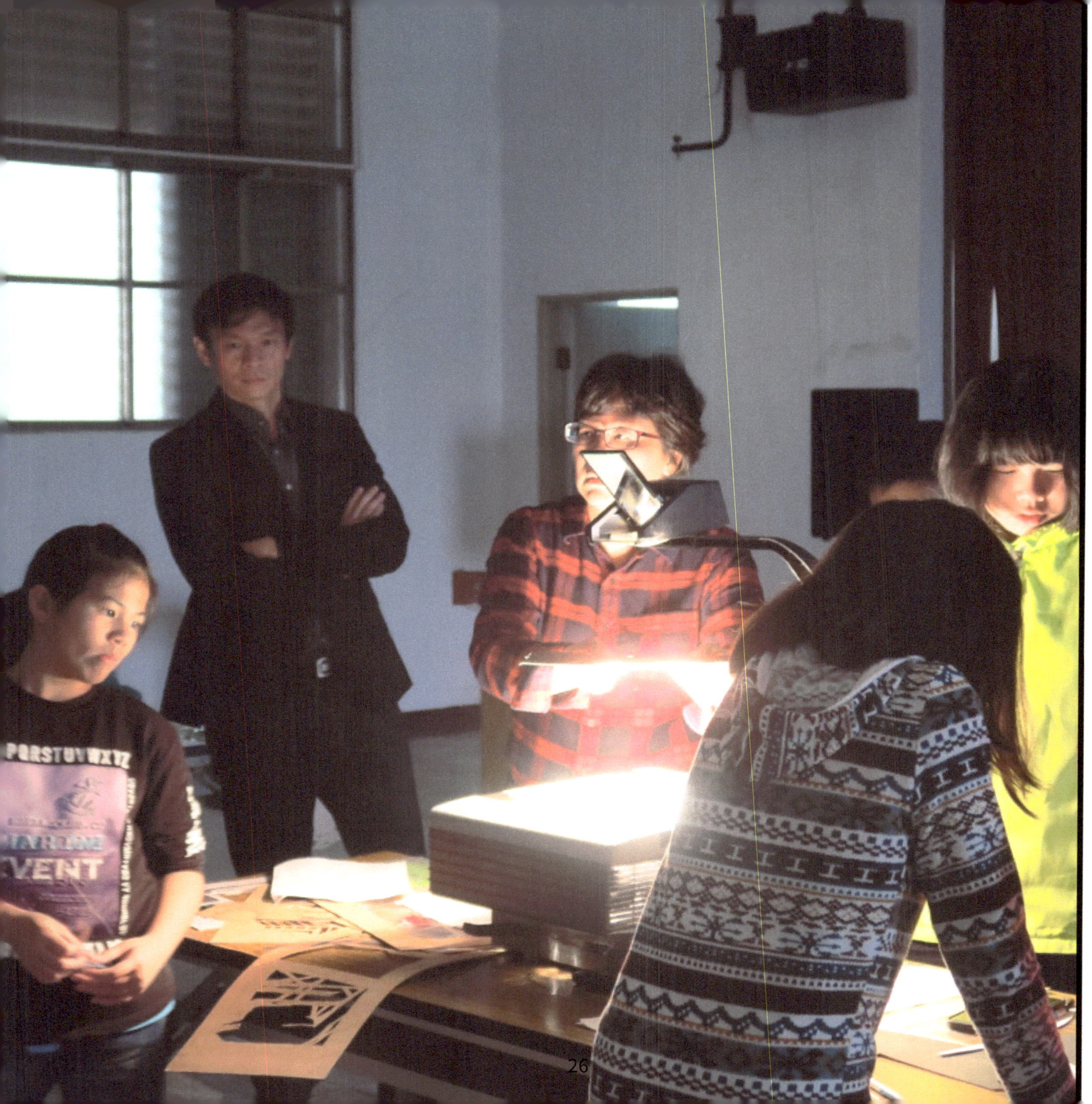
PQRSTUVWXYZ
MARITIME
VENT

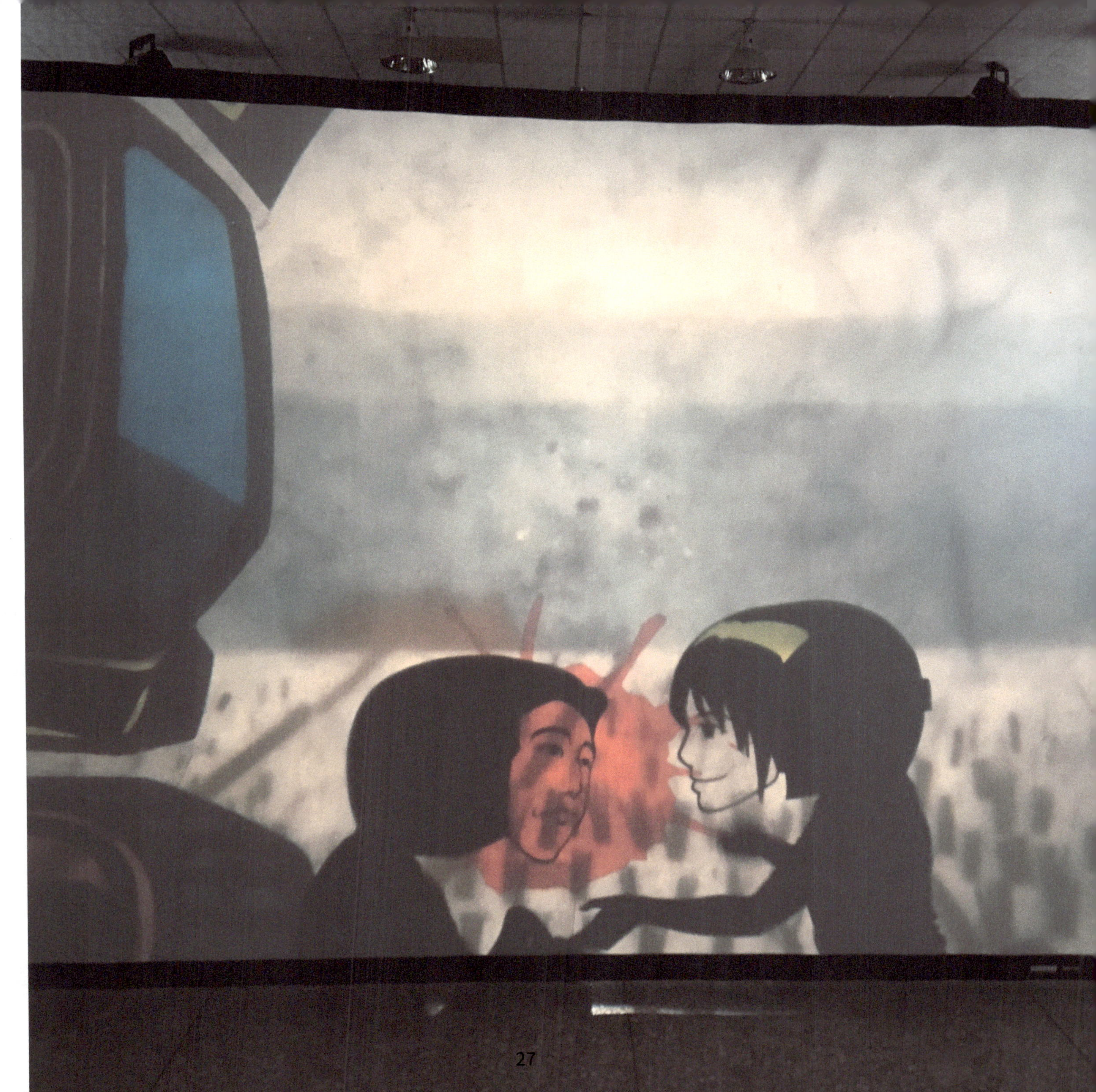

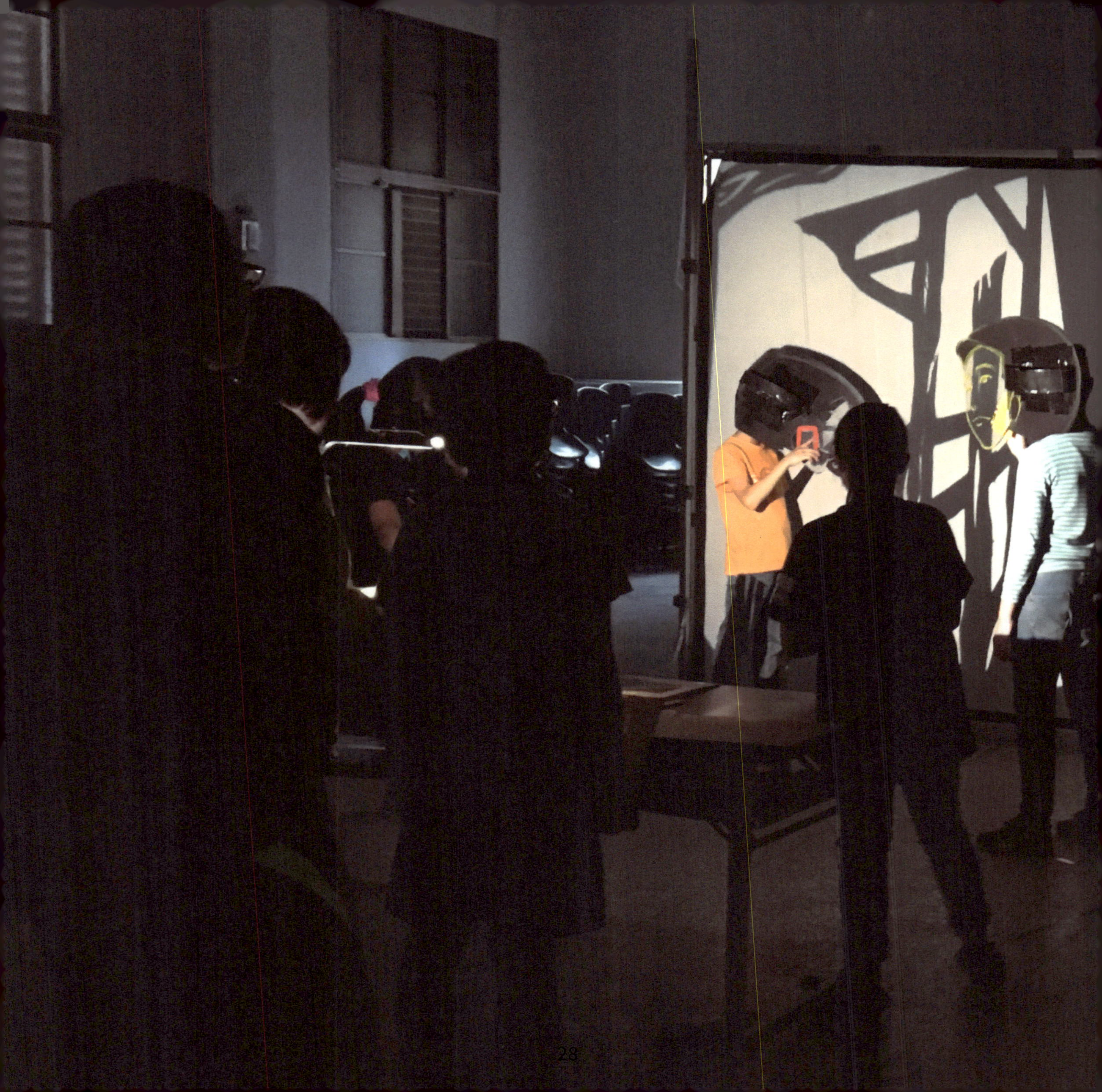

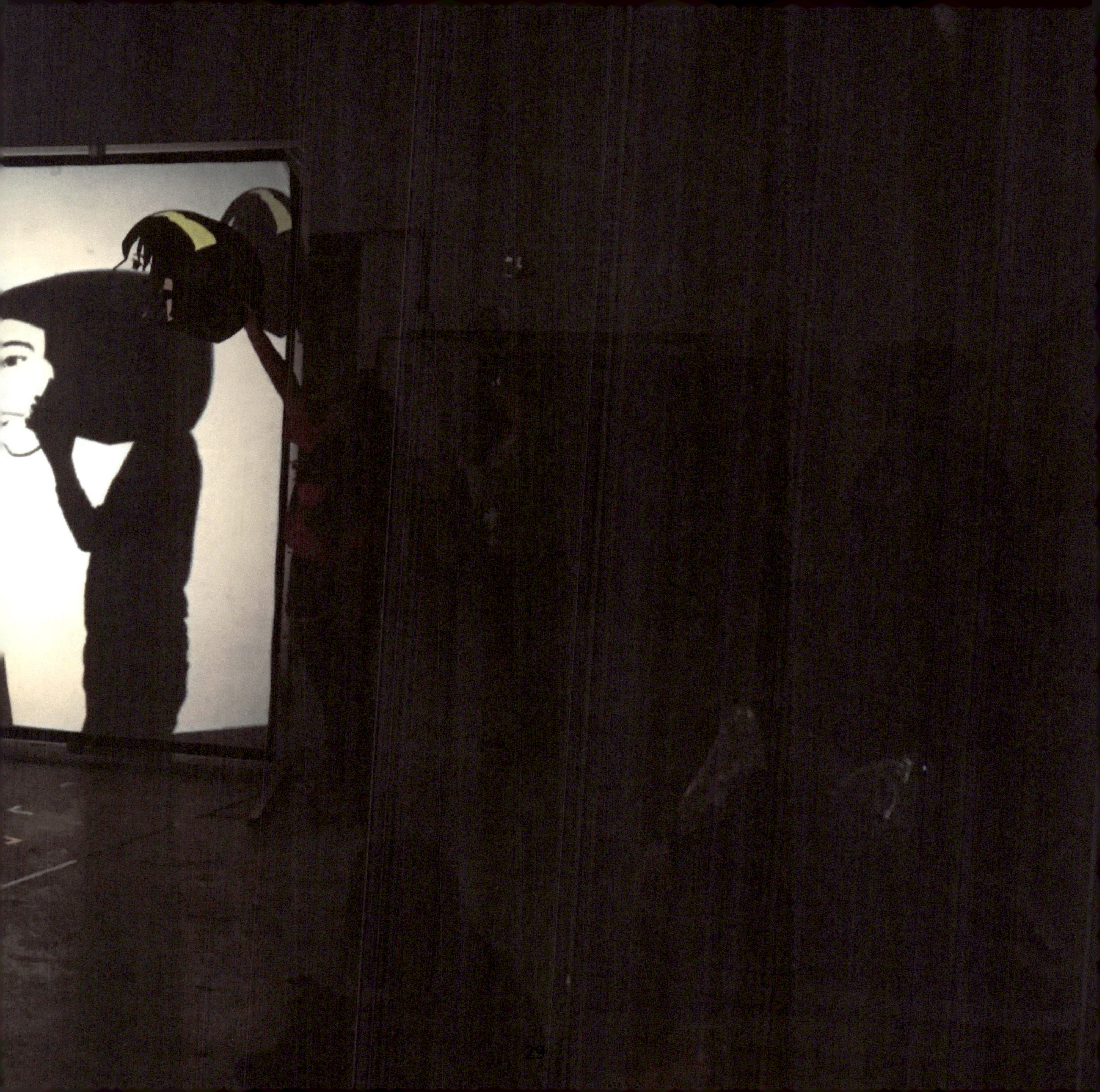

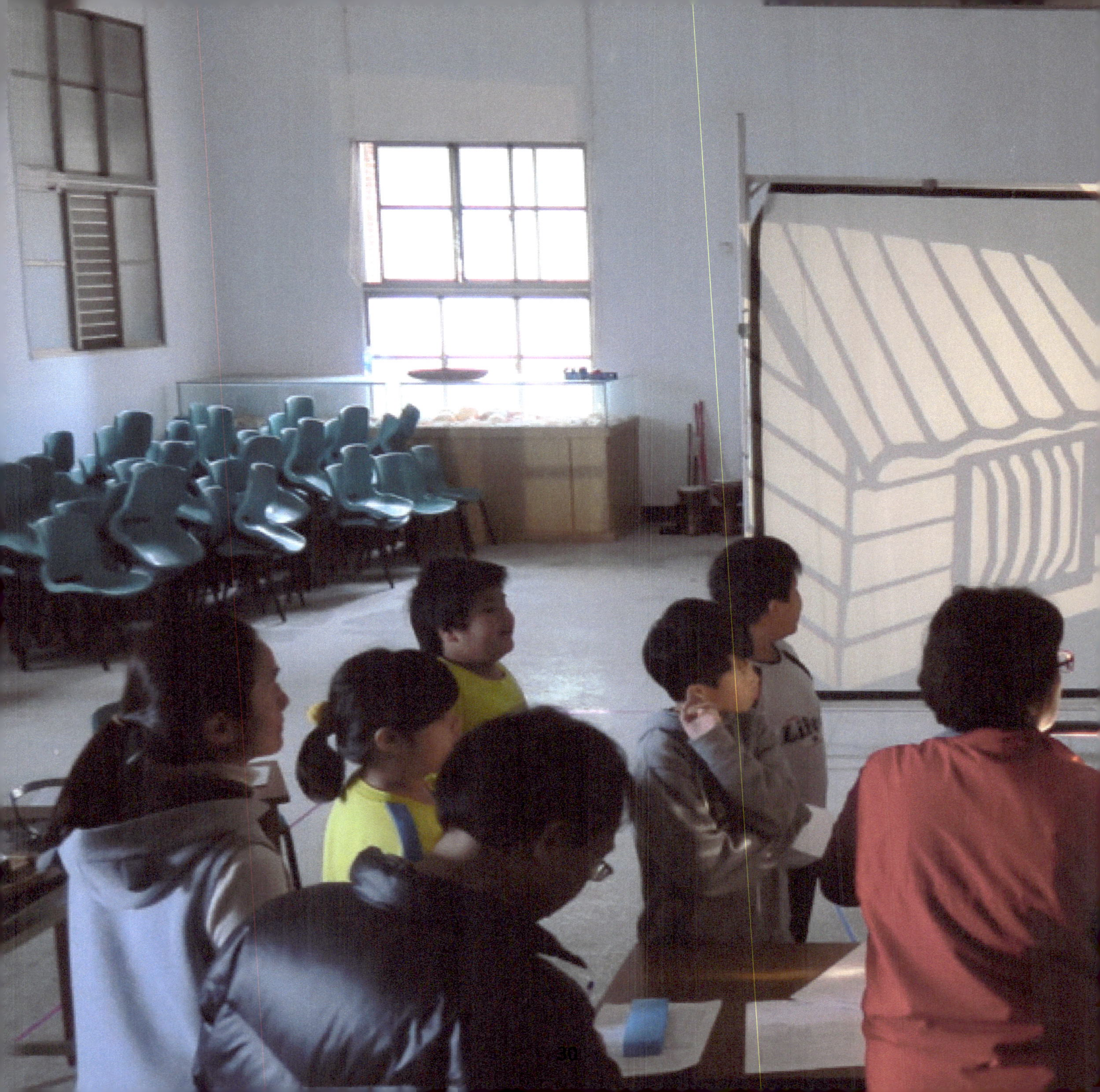

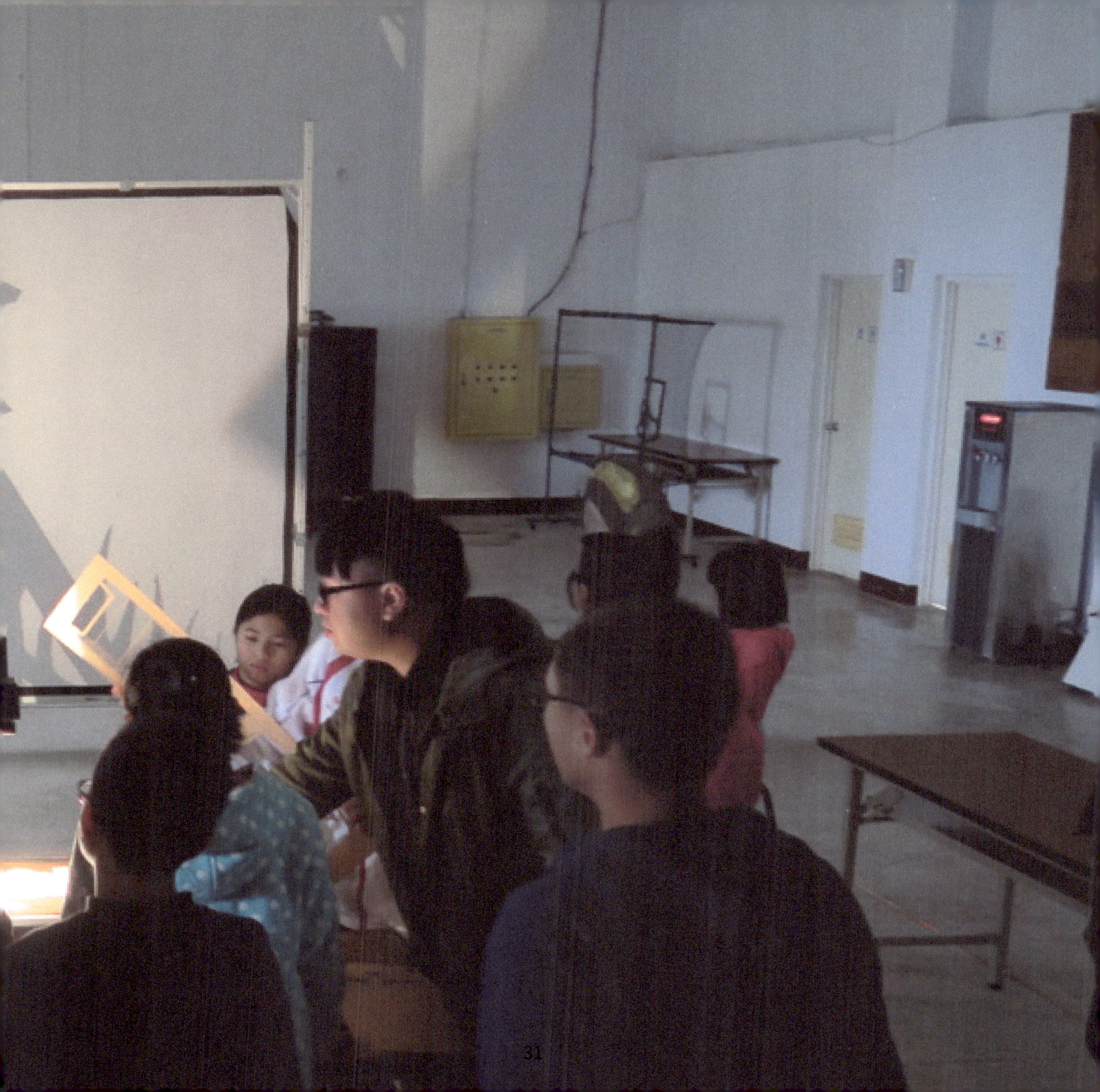

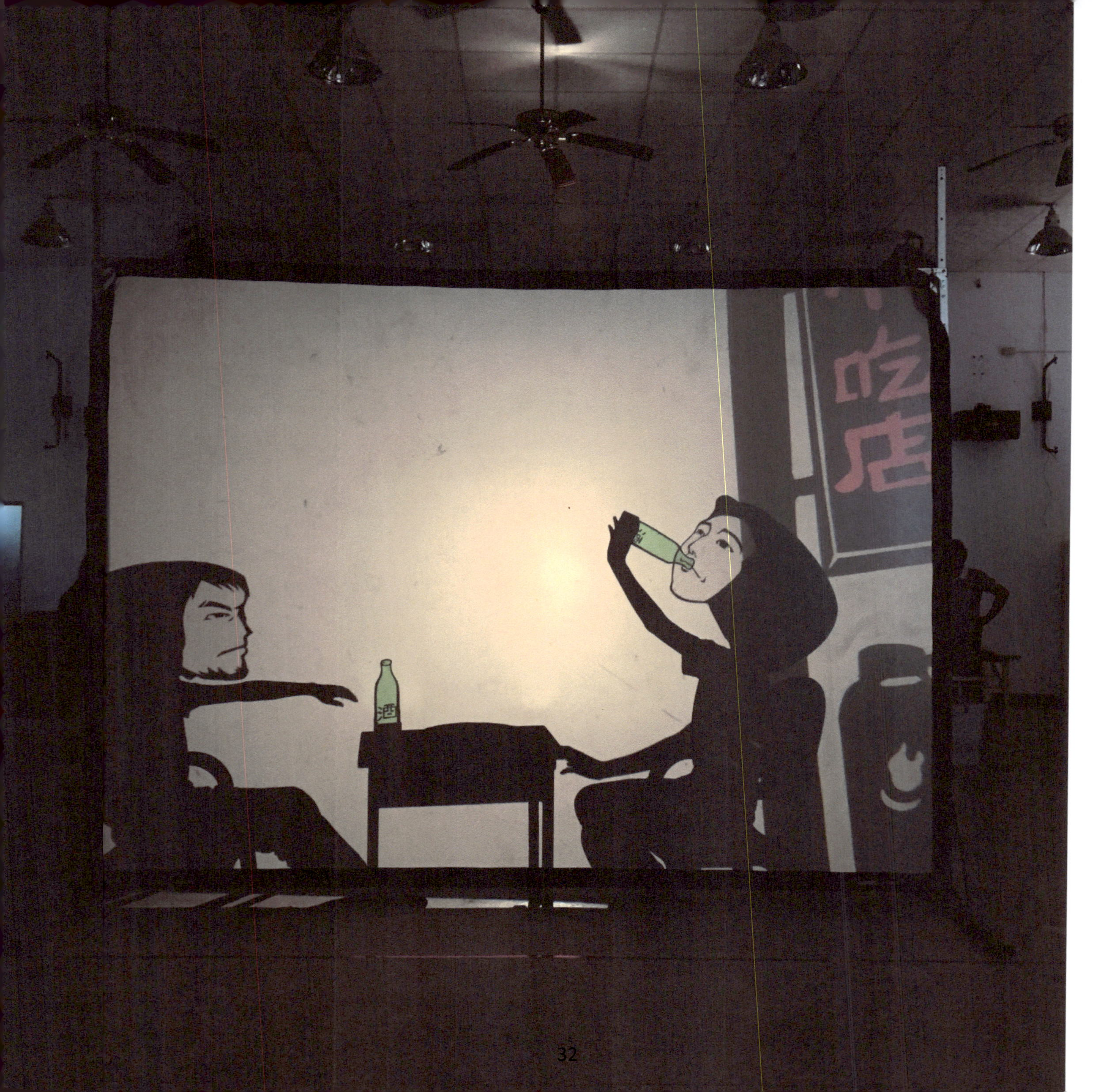

酒
吃
店

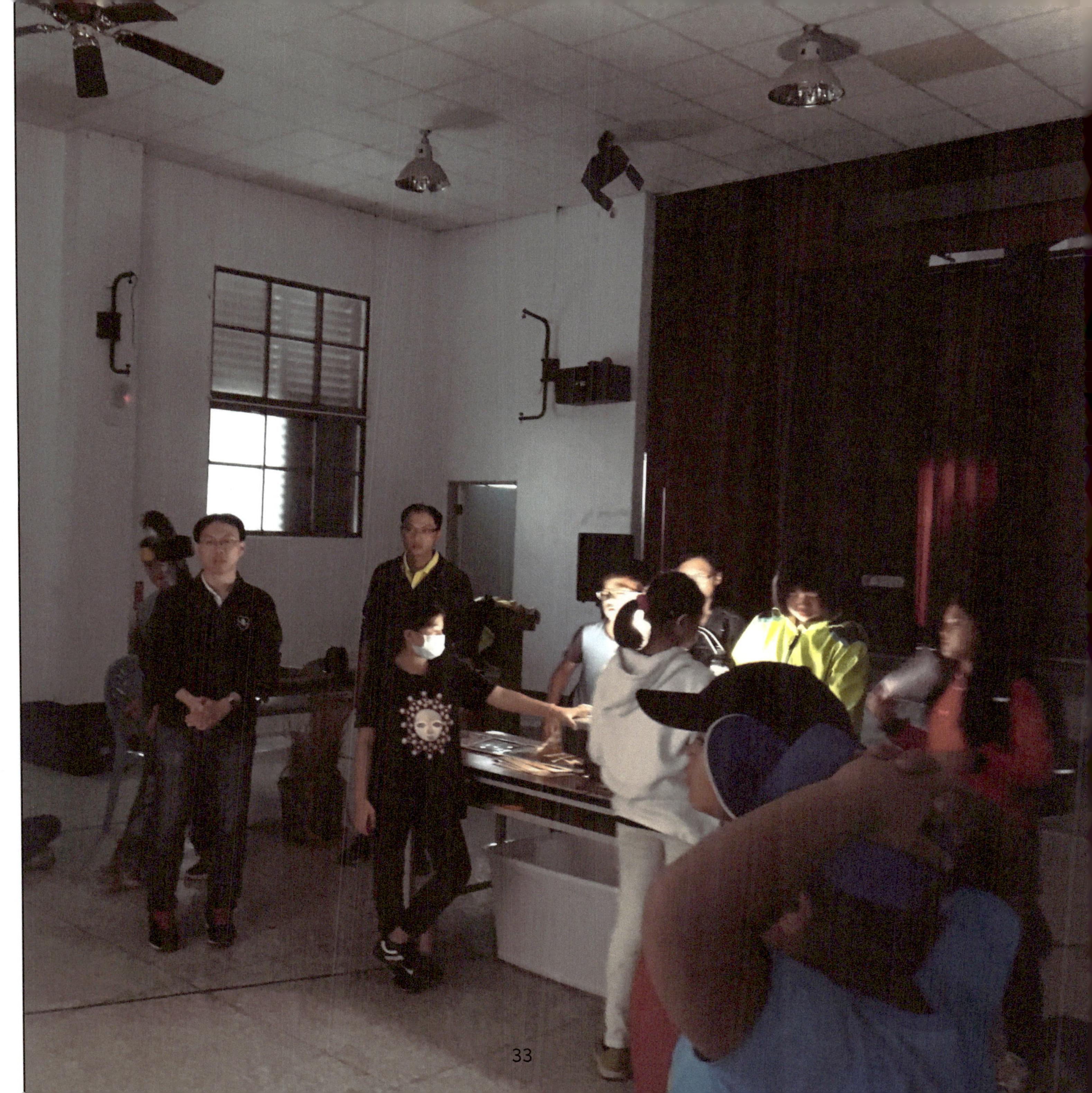

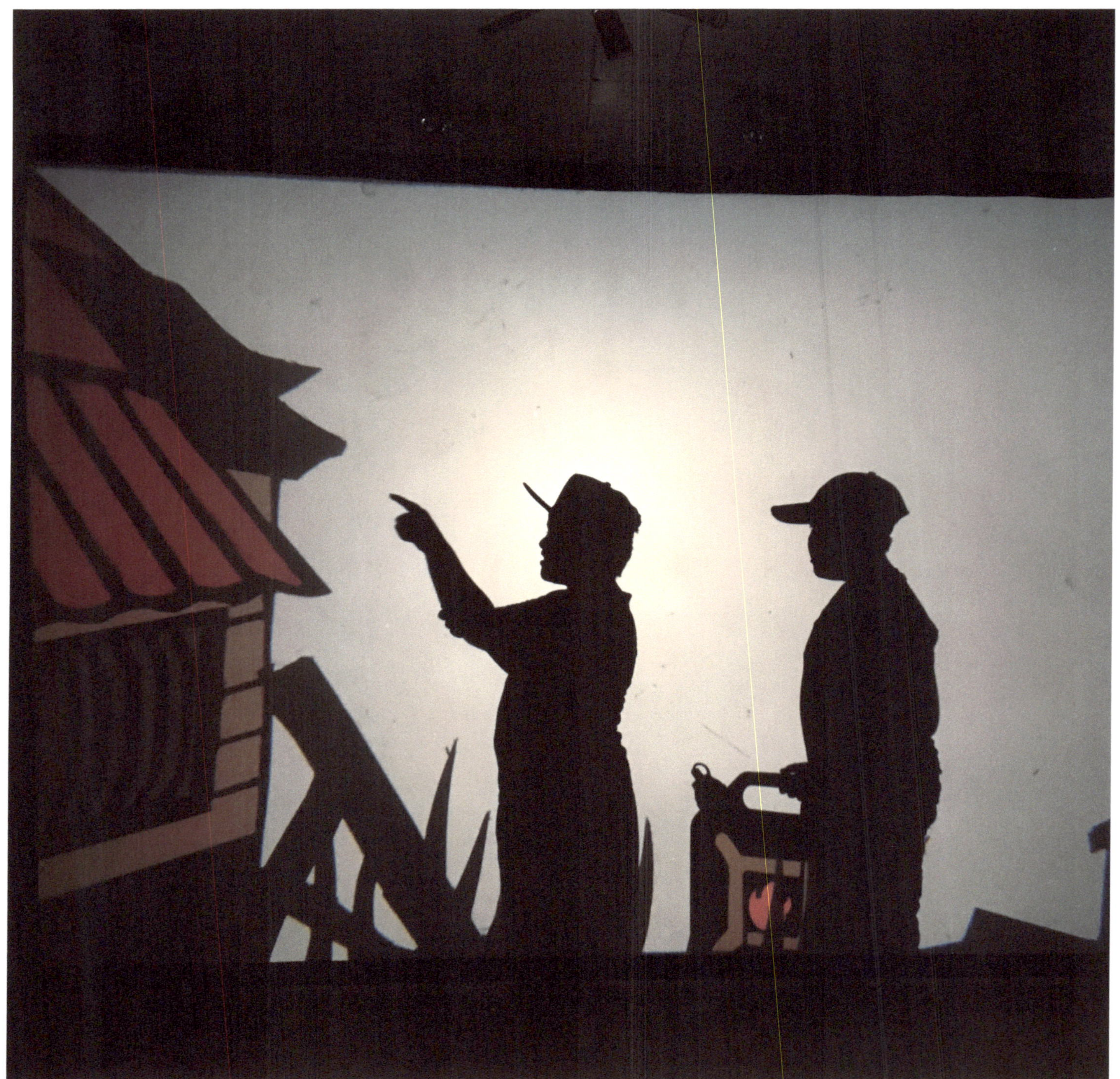

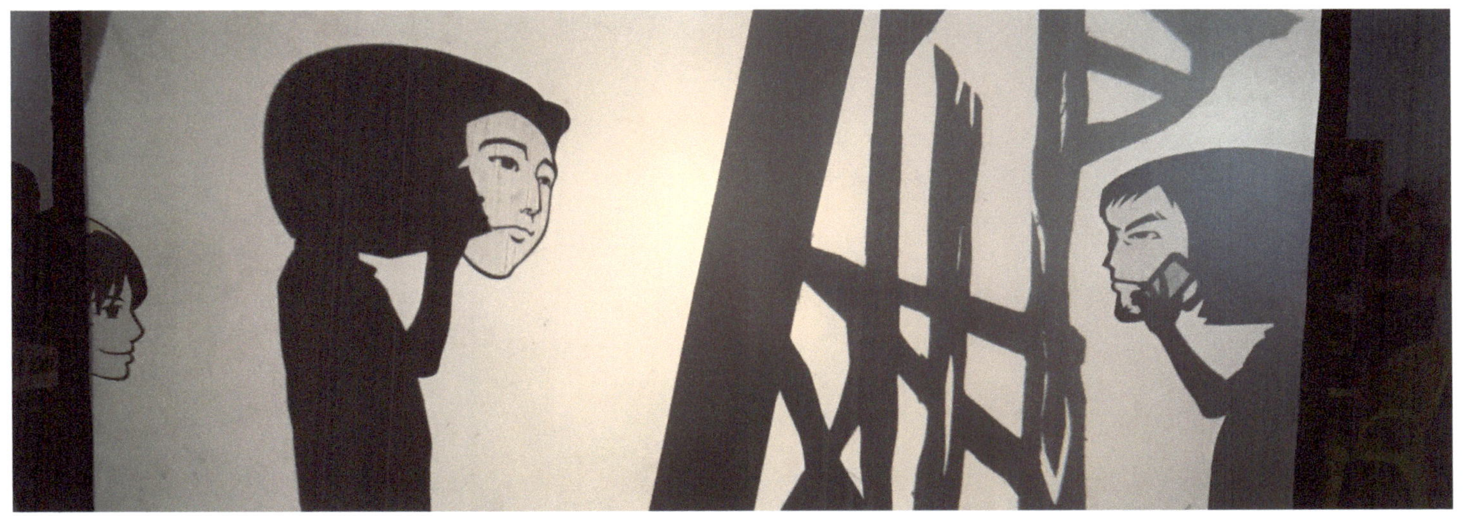

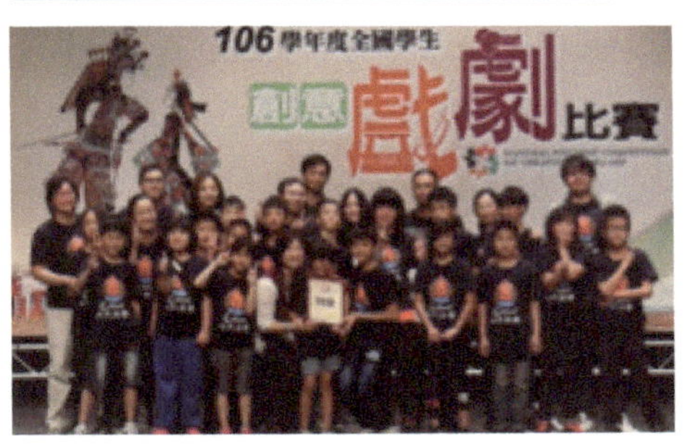

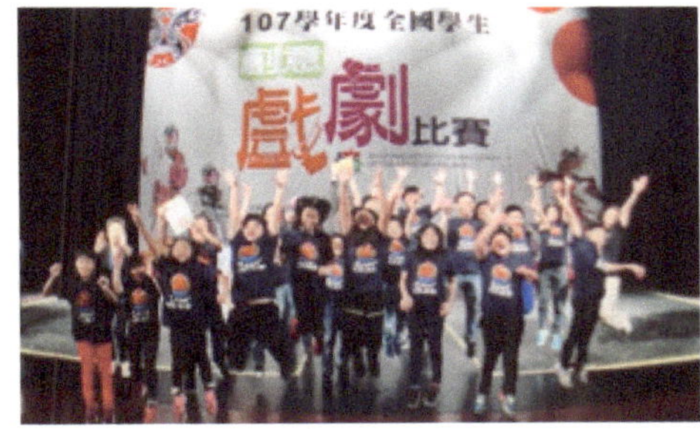

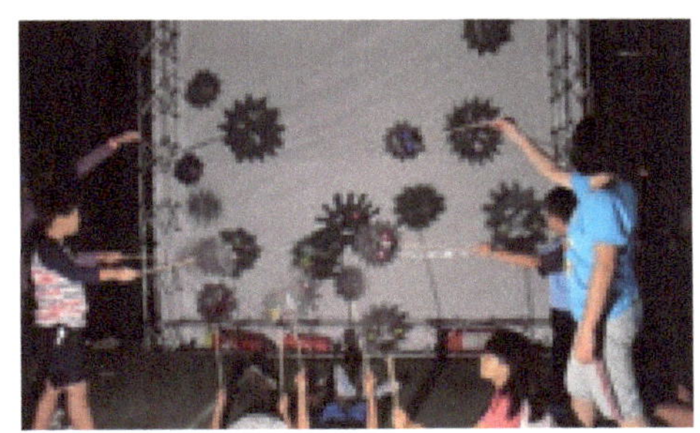

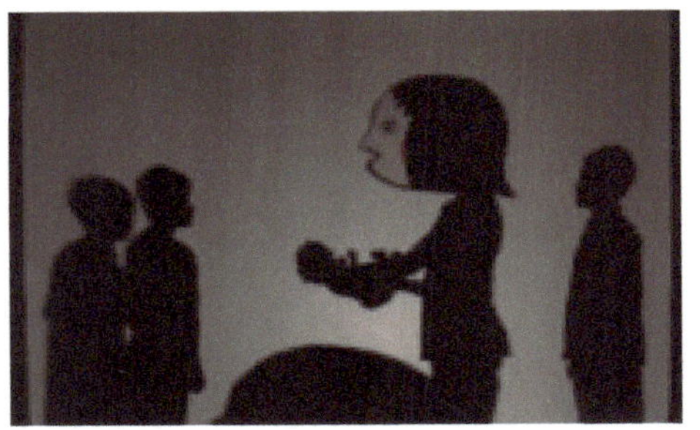

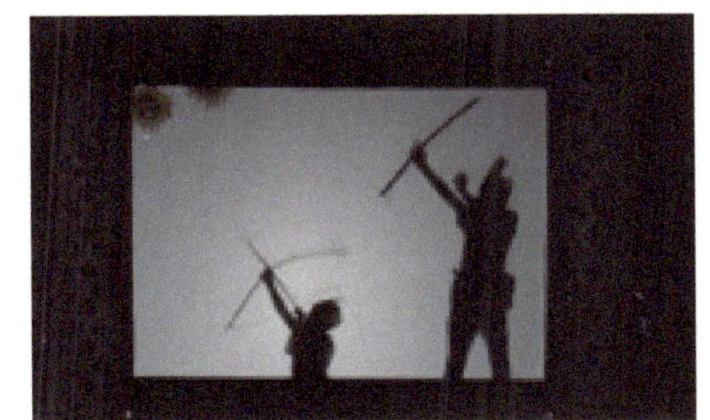

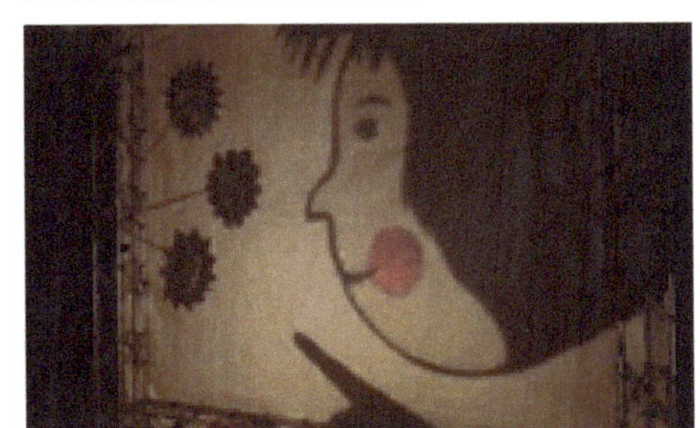

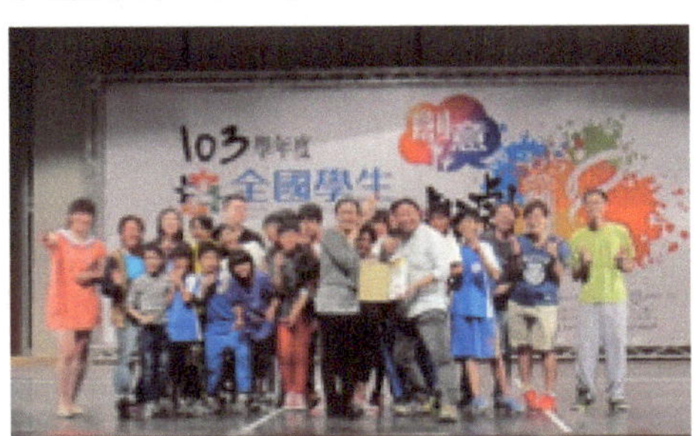

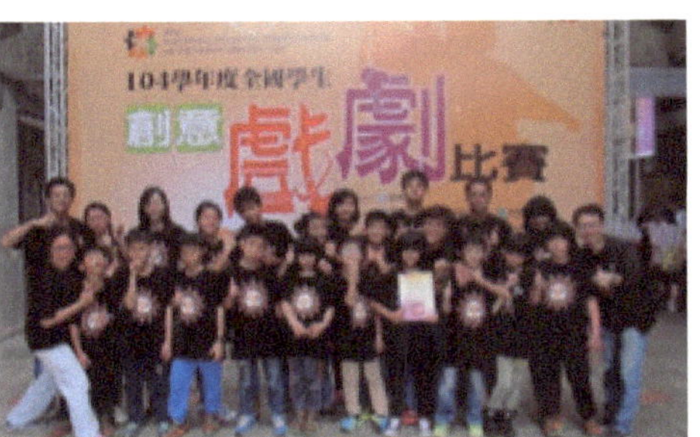

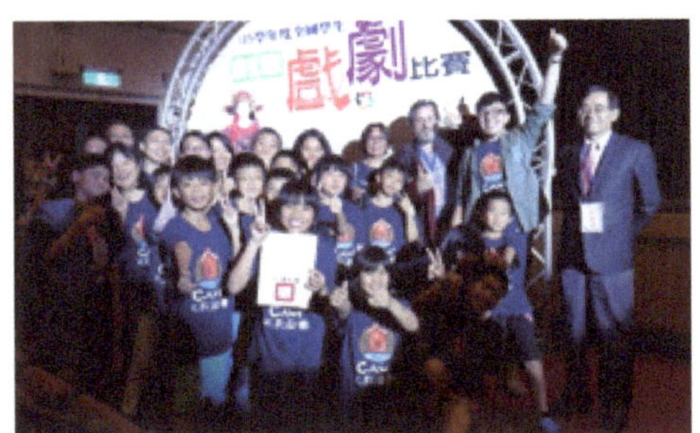

第三篇　人物側寫

黃寶賢校長──栽植夢想 ‧ 熱忱領航

　　走入教育工作已經 17 年的黃寶賢校長，目前 (2019 年) 是第三年的校長新鮮人。從小學就對老師這份工作產生無比的敬畏與嚮往，一路從小學排球校隊到花蓮師院的體育保送公費生，始終順隨心中的理想走在教育的路上。

　　黃校長從師院畢業至今都選擇在花東偏鄉小學服務，這份熱誠源自於在花蓮偏鄉服務的難忘經驗。他回憶著，當時有位孩子經常衣衫不整且未常換洗，本該是天真活潑的年紀，但眼神卻總是空洞無神；深入社區家訪那天，他親眼看見孩子的父親因長期酗酒，癱倒在家門口的悲涼揪心，那個畫面震撼著當時剛從師院畢業的他。就因孩子無助的眼神，讓他立願留在偏鄉當老師，希望透過教育的力量，盡其所能地協助那些需要幫助的孩子。

　　從導師到主任，繼而決定當校長，與這幾年來在偏鄉教學的經驗體悟有關。從中體認，當一個導師能影響班上的孩子；當一個主任可以完善學校的行政措施；但校長是學校的領航員，可以透過對教育的熱誠和理念，讓學校整體的教育環境更加完備，讓更多需要幫助的孩子，得到妥善的照顧。

　　黃寶賢校長始終抱持著「教育是翻轉偏鄉學生最有力量的工具」，這也是他堅持一直待在花蓮偏鄉把教育當成志業的最大原因。幽默笑稱是被花蓮的好山好水給黏住了；但我們確信的是，這裡已是黃校長栽植夢想芽苗，澆灌茁壯成偏鄉孩子長成大樹的豐壤基地了。

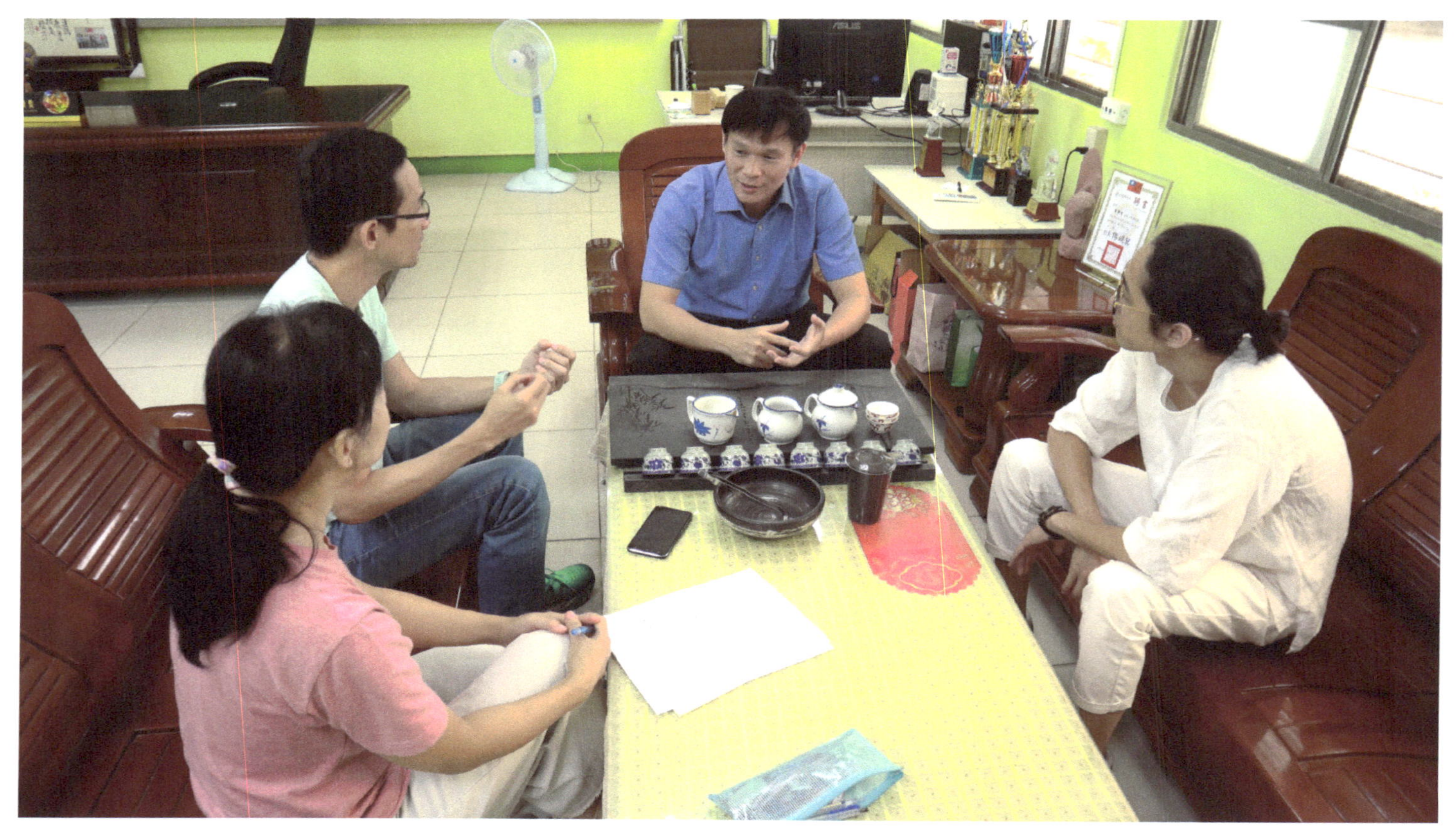

教育學思達

小學是滋養紮根的重要階段，地處偏鄉並不受限，善用網路教學資源與課程設計，可以導引偏鄉孩子正確的學習方向、建構能力，拓廣學習新視野。回歸教育本質，在於建立學生的自信與肯定自我價值，偏鄉孩子需要的只是更多的被看見！

—黃寶賢

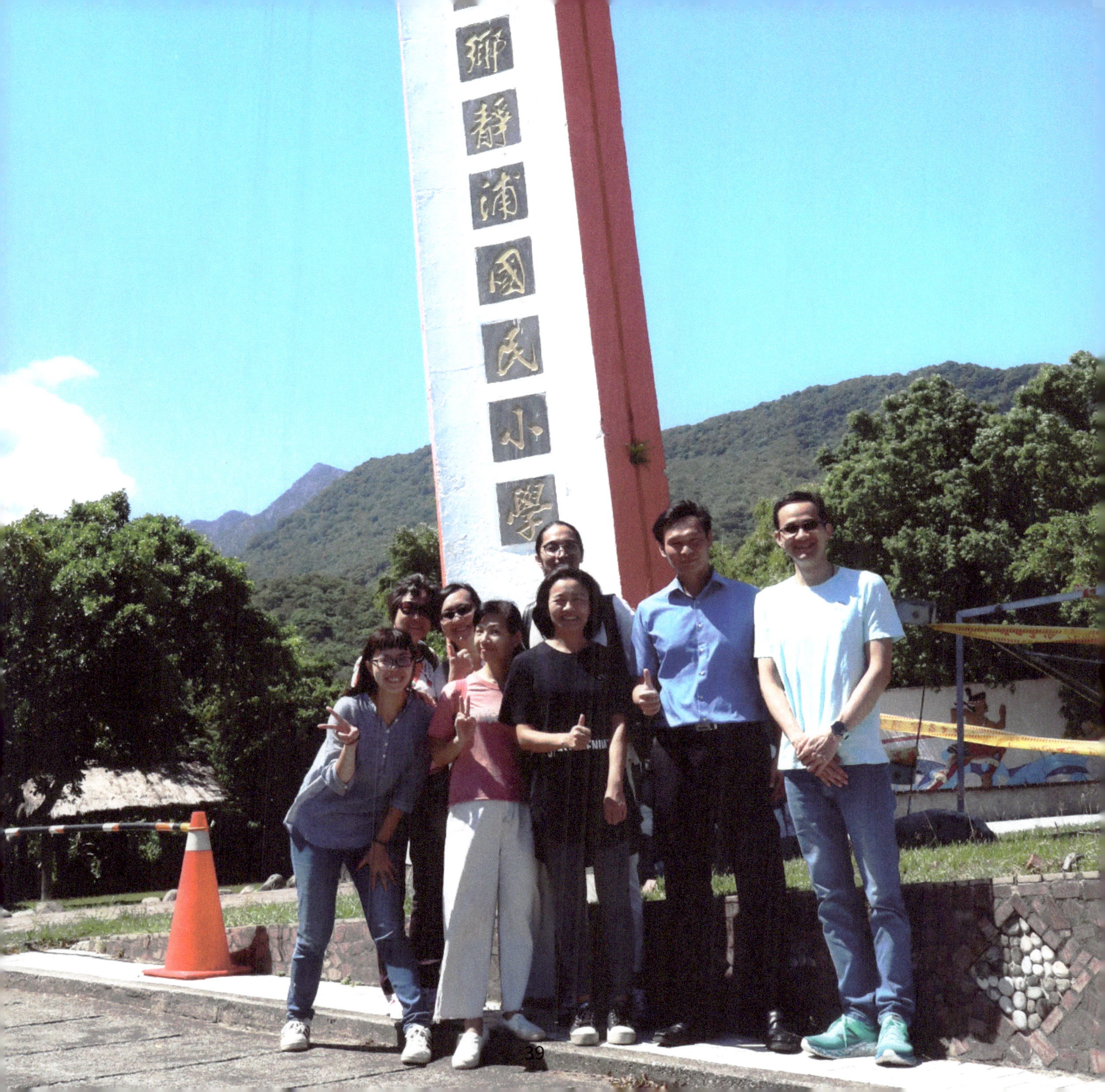

鄉靜浦國民小學